Felix A. Voigt

GERHART HAUPTMANN
DER SCHLESIER

Felix A. Voigt

Gerhart Hauptmann der Schlesier

Bergstadtverlag Wilhelm Gottlieb Korn
Würzburg

CIP-Titelaufnahme der Deutschen Bibliothek

Voigt, Felix A.:
Gerhart Hauptmann, der Schlesier / Felix A. Voigt. – 4., überarb. Aufl. – Würzburg: Bergstadtverl. Korn, 1988
ISBN 3-87057-019-9

Vierte, überarbeitete Auflage 1988

Gesamtherstellung: M. Liehners Hofbuchdruckerei GmbH & Co., Sigmaringen
Printed in Germany · ISBN 3-87057-019-9

Inhaltsverzeichnis

Dieses Buch
der Erinnerung an die alte Heimat
und die mit Gerhart Hauptmann verlebten Jahre
widme ich
meiner Frau Camilla
und meinen Töchtern
Dr. med. Mechthild Pfeiffer, geb. Voigt
und
Luitgard Scheffer, geb. Voigt

Gerhart Hauptmanns Verbundenheit mit dem Lande seiner Geburt darzustellen und hinwiederum den Anteil zu erfassen, den schlesisches Wesen an seinem Werke hat – das bedeutet nicht, einen Ausschnitt zu geben aus der Fülle und der Totalität seines Schaffens. Das heißt vielmehr vordringen zu den eigentlichen und naturgegebenen Schöpfer- und Bildekräften seiner Natur und seine geistige Welt vielleicht nicht der Breite nach, wohl aber in der Tiefe ganz zu umreißen. Gewiß: Hauptmann ist weder ein bloßer Heimat- noch ein Landschaftsdichter – beides im edelsten Sinne gefaßt –, denn sein Gesamtwerk ragt stofflich und gedanklich nach allen Seiten ins Unendliche hinaus. Aber die schöpferischen Quellkräfte, die hier am Werke sind, können nur von dieser Schau aus ganz verständlich werden. Unbewußt ist der Dichter in Schlesien aufgewachsen, verschlungene Pfade und das Abenteuer seiner Jugend führten ihn weit in die Ferne; ja, es schien, als ob auch ihn das Ungetüm Berlin einfangen wollte. Aber da kam einmal – es war im Sommer 1887 – der gesegnete Tag, da er sich auf einer Wanderung durch das Riesengebirge der tiefsten Kräfte seiner Seele bewußt wurde: *»Habe ich einen Dämon wie Sokrates, und war er es, der, ohne mich irgendwie darauf vorzubereiten, mich plötzlich in meine Heimat versetzte? Jedenfalls habe ich sie erst bei diesem Wiedersehen entdeckt. Und das mußte geschehen. Ich mußte die Heimat wiederentdecken, wenn meine geistige Entwicklung ihren Lauf nehmen sollte, wie sie ihn wirklich genommen hat. Adolf von Menzel, Gustav Freytag und andere Schlesier sind niemals in ihre Heimat* *zurückgekehrt. Auch spiegelt ihr Werk die Heimat nicht. Das meinige bleibt in Heimaterde verwurzelt. Ich zog aus ihr meine beste Kraft.«*

Und bis zum letzten Atemzuge ist er der Heimat treu geblieben. Sein Wunsch, auf dem Wiesenstein zu sterben, ist im allerletzten Augenblicke in Erfüllung gegangen, nur im Sarge hat er schließlich die geliebten Berge verlassen und hat Ruhe gefunden auf der Ostseeinsel, die durch lange Jahre ihm eine zweite Heimat geworden war.

Wesen der Heimat

Schlesien – das andere Dichterland unseres Volkes neben Schwaben, die oft gerühmte und doch so wenig geachtete Perle in der Krone der deutschen Landschaften! Gelbe Fruchtebene und dunkelnde Wälder, glitzernde Seen und weite, einsame Heide, Stromtal und Hochebene, Großstadt und alte träumende Städtchen, stille Dörfer und rauchende Schlote im Revier der schwarzen Diamanten, liebliche Hügel und wildes Hochgebirge jenseits der Baumgrenze – das alles ist in dem einen Worte Schlesien umschlossen. Verschiedenstes und Gegensätzlichstes in einem Reichtum, wie man ihn wohl sonst nicht mehr in der deutschen Heimat auf gleichem Raume findet. Und diese Vielfalt der Natur spiegelt sich wider in der Seele der Menschen, die hier seßhaft geworden waren.

»Es gibt keine schlesische Rasse«, sagt einmal Hermann Stehr, der selbst knietief in der heimischen Erde steckt, »aber es gibt den unverwechselbaren schlesischen Menschen, der das unentwirrbare Durcheinanderströmen des verschiedensten Blutes ist.« Charakteristisch wie die Mannigfaltigkeit der Landschaft ist die der Blutmischung, die in der Bevölkerung Schlesiens vorliegt, sehr zum Vorteil der geistigen Beweglichkeit und seelischen Tiefe. Thüringer und Obersachsen bilden die Hauptmasse auf dem Kolonialboden, daneben Bayern, Ostfranken und Alemannen. Noch älter mag eine rheinfränkische und hessische Schicht sein. Aber auch flämische Elemente – der Fuhrmann Henschel stammt von ihnen ab – und sogar wallonische Einschläge fehlen nicht. Dazu tritt die Nähe slawischen Volkstums, das zwar bis über die Ostgrenze Niederschlesiens hinaus den rein deutschen Charakter der Bewohner kaum beeinflußt hat, aber als Komponente doch stets vorhanden war. Germanisch war das Land die tausend Jahre von 500 vor bis 500 nach Chr., deutsch war es wieder seit dem 13. Jahrhundert, aber doch in einer beträchtlichen Kompliziertheit der Stammesherkunft, die das schlesische Wesen so widerspruchsvoll und schwer durchschaubar macht. Die jahrhundertelange Bindung an Böhmen und die Habsburger Monarchie brachte später noch bedeutsame kulturelle Einflüsse auf künstlerischem Gebiet und beeinflußte das Wesen der Bewohner der Landschaft im Sinne heiterer Aufgeschlossenheit und Lebensfreude.

Man hat als die geschichtlichen Wesenszüge des ostmitteldeutschen Menschen den Mangel an willensstarker Tatkraft, das Fehlen staatenschöpferischer Ideen, im allgemeinen ein mehr leidendes Verhalten in allen Fragen des Außenlebens festgestellt (Nadler). »Nach innen, nicht nach außen war das Antlitz dieses Volkes gekehrt.« Hier liegen die Anfänge der modernen deutschen Bildung, von hier ging die gemeindeutsche Schriftsprache aus (Johann von Neumarkt), hier wurde der Gedanke von der Freiheit des Christenmenschen, der Brudergedanke der Herrnhuter lebendig. Die religiös-mystische Schau findet hier ihre große Geschichte von Kaspar Schwenckfeld an über Jakob Böhme und Johannes Scheffler hin zu Zinzendorf und bis in die Tage der Romantik hinein. Es ist gerade Gerhart Hauptmann, der diese Reihe bedeutsam fortsetzt.

Das wesentliche Merkmal des schlesischen Menschen ist sein Hang zu einer stets von neuem abwägenden Problematik, die wohl nicht immer nach außen laut wird, die aber doch da ist, ein Hindrängen nach der geistigen Überwindung der Welt durch passiv-schauendes Erleben, eine Sehnsucht nach der Stille der Seele. Nicht umsonst klingt immer wieder das »Nu jaja, nu neenee, ma mecht's nich denken!« auch bei Hauptmann an. Und dabei und daneben bricht eine ausgelassene Weltlust hervor, ja, dunkle Mächte seelischer Tiefe drängen zu wildem Ausbruch. Karl von Holtei, in seinem verunglückten Lebensgang selbst ein ganzer Schlesier, kannte seine Landsleute. »Dafür bin ich ein Schlesier«, sagt er im »Christian Lammfell«, »wir treiben es einmal nicht anders. Nimm den ersten besten Band eines unserer übermütigsten Sänger in die Hände – mitten aus allen weltlichen Schelmereien und Frivolitäten wird Dir ein ganzer Kirchof von Leichen-Carmina entgegenblicken. Ebenso wie auch unter den frömmsten Dichtern die wenigstens versäumen, zuzeiten weltlicher Lust mehr denn löblich zu huldigen.« Man denke an Andreas Gryphius: der reale Blick für die Tatsächlichkeiten des Lebens, ein glücklicher Humor, eine Verbundenheit mit dem heimischen Volkstum vereinigt sich in ihm durchaus mit wilder Leidenschaftlichkeit, einer Vorliebe für pathologische Gestalten und zuzeiten einem abgrundtiefen Pessimismus: Vanitas vanitatum! Keine Frage: der Schlesier ist neben aller verschlossenen Besinnlichkeit auch höchst lebenslustig, ja lebensgierig, leicht erregbar, das Herz auf der Zunge, schnell emporflammend, jähzornig, aber auch leicht wieder besänftigt, von einer ausschweifenden Phantasie, bei aller Weltverneinung auch voll dämonischer Sucht nach dem Diesseits. Im Grunde beweist das alles nur, daß ihm hier ein schöpferischer Eros zuteil wurde. Die große Geschichte schlesischer Geistigkeit seit den Tagen der Minnesänger bis in die jüngste Gegenwart ist des Beweis genug. Noch einmal sei Hermann Stehr angeführt: »Man ist säuerlich und unverständig genug, diese primitive Fabulierlust Lüge zu nennen und dem Schlesier Unzuverlässigkeit vorzuwerfen, und doch ist es nichts als primitives Dichtertalent. Jeder Mensch ist ja in diesem Umfange Dichter, aber in keinem Landstrich Deutschlands mag wohl die Zahl solch eigenwilliger Gedanken- und Fabelspinner so groß sein wie in Schlesien. Ich habe in Dorfgasthäusern den Erzählungen von Bauern, Händlern, Fleischern und Holzknechten zugehört und an der Kernigkeit ihrer bilderreichen Sprache und der plastischen Abrundung alles Vergänglichen wie Persönlichen meine helle Freude gehabt. Mit Ergriffenheit aber gedenke ich eines oft belauschten Mannes, der von der Fülle seiner Phantasie dermaßen bedrängt wurde, daß er sich aus Furcht vor der Dämonie seines Inneren in den freiwilligen Tod rettete.«

Dämonie! Man kann es nicht besser bezeichnen. Dies ist – bei aller scheinbaren persönlichen Demut – der Grundzug der schlesischen Mystiker, die höchst rücksichtslos ihre Gesichte gedanklich zu Ende denken – auch bei einem so wilden Fanatiker wie Quirinus Kuhlmann, der 1689 in Moskau als Ketzer verbrannt wurde, endlich in dem Doppelangesicht Emanuel Quints, des Narren in Christo. »Getuppelt« sind sie alle, die Schlesier, die Stigmatisierten ihres Geistes.

Man wird von diesen Wesenszügen die einen mehr, die anderen schwächer auch bei Gerhart Hauptmann wiederfinden. Gerade der Begriff »Dämon« aber spielt in seinem Schaffen eine zentrale Rolle: alle seine Menschen sind von ihrem Dämon besessen und müssen den Weg ihres Lebens, oft bis zum bitteren Ende, gehen. Diese Urbegriffe seiner Dichtung, Eros und Dämon, hat er nicht erst dem Griechentum abgelauscht, sondern hat für die unbezwinglichen Regungen in der eigenen Brust, die er nur zu genau kannte, die uralten orphischen Begriffe übernommen. Man muß ihn selbst in der Vielgestaltigkeit seines persönlichen Wesens genau gekannt haben, um immer wieder voll Bewunderung, aber auch voll Schrecken das eine zu fühlen: Welch ein dämonischer Mensch!

Die Herkunft

Auch seiner Abstammung nach ist Gerhart Hauptmann väterlicher- wie mütterlicherseits Schlesier und nichts als dies, ja noch mehr: seine Ahnen sind seit Jahrhunderten eben dort seßhaft gewesen, wo auch sein Leben sich zumeist abgespielt hat. Bis ins 16. Jahrhundert lassen sich die Vorfahren des Vaters zurückverfolgen: ein Christoph Heuptman, der um 1570 geboren ist, war Häusler in Dippelsdorf, einer kleinen Ortschaft im Löwenberger Kreise unweit des Bober nördlich von Hirschberg. Sohn, Enkel und Urenkel dieses Mannes sind bis in den Anfang des 18. Jahrhunderts Pflugmacher im gleichen Dorfe und holen sich ihre Frauen von hier oder aus der Umgegend. Die Namensform wandelt sich über Hauptman zu Haubtman. Der vierte Nachkomme des Ältervaters, ein Melchior Haubtman (geb. noch in Dippelsdorf 20. 1. 1710) siedelt als Häusler und Tagearbeiter nach Herischdorf bei Warmbrunn über und heiratet am 14. 3. 1737 in der neuen Hirschberger Gnadenkirche eine Anna Rosina Vortisch aus einer Familie von »Großschäfern« in Giersdorf im Riesengebirge, die sich ebenfalls bis 1600 zurückverfolgen läßt. Drei Generationen lang wohnt nun die Familie in Herischdorf. Aus diesem Dorfe stammt denn auch der Träger der Christusidee in Gerhart Hauptmanns Jambendrama »Jesus« (1897), einer der frühesten Fassungen des Emanuel-Quint-Stoffes.

Melchiors Sohn Gottfried Hauptmann – hier zuerst erscheint diese Schreibung – (geb. 25. 2. 1739 in Dippelsdorf, gest. 16. 9. 1821 in Herischdorf) ist Schleierweber und heiratet 1762 eine Maria Magdalena Siebenhaar aus dem gleichen

Ort. Diesen Namen der Urgroßmutter hat der Dichter mehrfach in seinen Werken verwendet; in den abgeschlossenen trägt ihn der nach dem Vorbild des Vaters geformte Hotelbesitzer im »Fuhrmann Henschel«. Aus dieser Ehe stammt Johann Gottlob Hauptmann (1770–1824), zuerst Schleierweber im Heimatdorfe, dann in Warmbrunn. Er war zugleich Dorfmusikus und als solcher auch im Kirchendienst in Hirschberg tätig. Seine alte Tiroler Geige ist erst Gerharts Vater abhanden gekommen. Die Musik mag die Bekanntschaft mit seiner späteren Frau, Maria Magdalena Liebig, vermittelt haben, denn auch deren Vater war in Warmbrunn Weber und Kirchenmusiker. Ihr Sohn ist der Großvater des Dichters, Carl Ehrenfried, geboren in Warmbrunn 1793. In seiner Jugend selbst noch Weber, nahm er dann an den Freiheitskriegen teil, verließ aber endlich als erster die Heimat und wurde Gastwirt in Flinsberg, Warmbrunn und Landeshut. Seit 1839 war er erst Pächter, dann Besitzer der »Preußischen Krone« in Ober-Salzbrunn.

So läßt sich bei Gerhart Hauptmann rückwärts eine Geschlechterfolge von schlesischen Webern feststellen, eine auch für sein Empfinden und Schaffen bedeutsame Tatsache. Seit Urzeiten, vermutlich seit der Kolonisation im 12. und 13. Jahrhundert, ist die Familie im Riesengebirge und dessen nördlichen Vorbergen ansässig. »Es ist der Raum an der ›Hohen Straße‹, der Pforte der deutschen Wiederbesiedlung Schlesiens ..., es ist der Raum, in dem sich die Siedler aus dem alten deutschen Mutterland Franken zuerst niederließen und seßhaft wurden, weil ihnen Landschaft und Bodenverhältnisse in Erinnerung an die alte Stammheimat vertraut waren. Es kann also keine Rede mehr davon sein, daß die Hauptmann-Sippe etwa nach Böhmen weist. Ihre Stammheimat ist vorläufig bis an das letzte Drittel des 16. Jahrhunderts als schlesisches Vorgebirgsland festgelegt, und es dürfte auch der Name in seinem klaren deutschen Begriff auf eine führende Stellung im Zuge dieser deutschen Frankensiedlung schließen lassen« (E. Glaeser). In der Widmung zu den »Webern« spricht der junge Dichter diese Bindung selbst aus: *»Wenn ich Dir, lieber Vater, dieses Drama zuschreibe, so geschieht es aus Gefühlen heraus, die Du kennst und die an dieser Stelle zu zerlegen keine Nötigung besteht. Deine Erzählung vom Großvater, der in jungen Jahren, ein armer Weber, wie die Geschilderten hinterm Webstuhl gesessen, ist der Keim meiner Dichtung, die, ob sie nun lebenskräftig oder morsch im Innern sein mag, doch das Beste ist, was ein ›armer Mann wie Hamlet ist‹ zu geben hat.«* Carl Ehrenfrieds Frau, Karoline Hoske, stammt aus Warmbrunn. 1824 wurde dem Paar in Flinsberg ein Sohn geboren, Robert Hauptmann, der Vater Gerharts. Carl Ehrenfried muß ein »spekulativer Kopf« gewesen sein, der sich zeitweise auch als Verleger betätigte. Die hohe gewölbte Stirn und die ausgeprägte Nase hat der Enkel von ihm geerbt. Robert genoß eine sorgfältige Erziehung auf dem Gymnasium in Schweidnitz und lernte dann von der Pike auf das Küfergewerbe in Breslau. Ein nachgelassenes Novellenfragment seines Sohnes (»Herr Denzin«) weiß anschaulich von dieser Zeit in der alten Breslauer Weinhandlung von Philippi am Blücherplatz zu erzählen. 1848 war Robert Hauptmann in Paris und nahm als lebhaft interessierter Zuschauer an den Unruhen der Revolution teil. Im ganzen mehr verstandesmäßig veranlagt, hatte er große Liebe zur Kunst und Literatur und phantasierte gern auf dem Klavier. In seinem Auftreten der *»geborene Aristokrat«*, legte er Wert auf beste Kleidung, ging auf die Jagd und hielt sich schöne Pferde. In seinem Charakter lag, wie der Sohn selbst urteilt, eine Neigung zum Jähzorn, vielleicht mehr als bei anderen Menschen. Nicht eigentlich kirchengläubig, war er doch im Innern tief religiös. Das beweist die Anordnung, daß er bei Morgengrauen begraben werden wolle; denn er

»wollte des Glaubens schon leben und ihn durch die letzte Fahrt betont wissen, am Anfang eines großen Morgens zu sein«. Der Sohn ging ihm auf diesem Wege nach; auch er wurde nach seinem Willen eine Minute »vor Sonnenaufgang« auf Hiddensee in die Erde gebettet.

Am 10. November 1852 führte Robert seine Jugendgeliebte, die Nachbarstochter aus dem Dachrödenshof, Marie Luise Amalie Strähler, heim, die Tochter des Brunneninspektors – heute würde man sagen: Kurdirektors – Ferdinand Strähler.

Auch diese Familie läßt sich unmittelbar bis etwa 1600 zurückverfolgen. Damals lebte in Klein-Wandriß ein Melchior Strehler. Die Heimat der Familie Strähler liegt also ganz nahe dem Ort, wo 300 Jahre später ihr Nachkomme Gerhart Hauptmann seine Lehre in der Landwirtschaft durchmachte. Drei Generationen lebten hier zunächst als Dienstleute auf dem Gute, endlich arbeitet sich der 1687 geborene Melchior Strehler zum Vogt herauf, und sein Sohn Georg Friedrich Strehler (1719–1769) bekleidet das gleiche Amt in Eisdorf. Hier wird ihm 1760 ein Sohn Johann Gottlieb Straehler geboren, der in dem benachbarten Striegau getauft wurde. Er steht zuerst als Reitknecht, später als herrschaftlicher Kutscher im Dienste der Fürstensteiner Grafen Hochberg (-Pleß) und heiratet eine Beate Rahel Feist aus Boberstein bei Hirschberg. Sein vierter Sohn Ferdinand (geb. 1796 auf Fürstenstein) ist in Breslau Aktuarius, Privatsekretär und Vorsteher des Büros des Regierungsrates Heinen, geht also in die Verwaltungslaufbahn über.

In diese ehrsame Gesellschaft kleiner Bauern, Handwerker, Weber, Dienstleute und Beamter, die sich in beiden Linien als Gerhart Hauptmanns Vorfahren finden, kommt nun gleichsam als »erregendes Moment« eine Persönlichkeit aus einer ganz anderen Sphäre herein.

Ferdinand Straehler heiratet 1824 in Breslau Johanna

Christiane Caroline Stenzel, die von einem Fräulein Auguste von Stutterheim erzogen worden war. Ein Bild Christianes in hohem Alter zeigt – abgesehen von allgemeiner Ähnlichkeit mit ihrem großen Enkel – eine ungewöhnlich schöne Frau von feinstem Gesichtsschnitt. Noch Gerhart Hauptmann, der die 1863 verstorbene Großmutter nicht mehr kannte, weiß von ihrer Theaterleidenschaft zu erzählen, die sich auch auf ihre Tochter, die Mutter des Dichters, vererbt hat. *»Meine Großmutter Straehler muß eine freie, lebenslustige und keineswegs frömmelnde Persönlichkeit gewesen sein. Ein kluger, weltlicher, reger Geist mag bei ihr überwogen haben.«*

Wer aber war diese Christiane und woher stammte sie? Wir wissen es auch heute noch nicht genau trotz mancher neuerer eingehender Forschungen (E. Glaeser). Sie war wohl die am 17. April 1801 in Breslau geborene uneheliche Tochter einer Anne Rosine Stenzel, vermutlich einer Schauspielerin, und eines Herrn von Stutterheim. Die vermutlich früh verstorbene Mutter scheint in Verbindung zu stehen mit der Truppe des berühmten Theaterdirektors Franz Schuch d. Ä., dessen Witwe schon 1764 einen preußischen Hauptmann von Stutterheim heiratete. In dieser Truppe war ein hervorragendes Mitglied der ehemalige Mönch (!) Johann Anton Stenzel (geb. 1711 in Jermanitz in Böhmen, gest. 1781 in Berlin), neben Ekhof einer der bedeutensten Schauspieler des 18. Jahrhunderts. »Wo aber die Brücke ist von den Stutterheims und Stenzels der Biedermeierzeit zu den Stutterheims und Stenzels der Schuchschen Theatertruppe im Zeitalter des zarten und liebenswürdigen Rokoko, das ist eine Frage, die der Lösung der fleißigen Ahnen- und Theaterforschung wohl wert wäre« (Glaeser). Interessant ist, daß bei vier Kindern des Ehepaars Straehler die Paten aus alten hochadligen schlesischen Geschlechtern stammen, aus den Familien Stutterheim, Heinen, Tepper. Offenbar haben sich diese Kreise der elternlosen Waise, die mit ihnen verwandt war, sehr liebevoll angenommen, und besonders Auguste von Stutterheim, wohl die Schwester des Vaters, soll eine rührende Pflegemutter gewesen sein.

Soviel im einzelnen auch noch unklar bleibt, immerhin liegt es nahe, zu vermuten, daß aus diesem Quell die plötzlich bei Gerhart und Carl Hauptmann auftauchende dramaturgische Begabung stammt.

1835 wurde Ferdinand Straehler Brunneninspektor und hat bis 1870 Salzbrunn zu dem bedeutenden Bade gemacht, das es wurde. Der glücklichen Ehe entsprossen sieben Kinder, die fast alle im Leben und in den Dichtungen Gerhart Hauptmanns eine Rolle spielen. Der Oberförster Adolf tritt in der »Wanda« auf und im »Schuß im Park«, der etwas entgleiste Onkel Karl spielt eine verhängnisvolle Rolle als Onkel Just in der »Anna«. Eine Prachtgestalt war Tante Julie, die auch die künstlerische Veranlagung ihrer Mutter geerbt hatte. Sie heiratete später den Rittergutspächter Schubert in Lohnig; von beiden wird noch zu reden sein. Gerharts Mutter ist die zweite Tochter (geb. 1827 in Breslau).

Das Wesentliche der Familie Straehler läßt sich diesen äußerlichen Daten nicht entnehmen: es ist die hier gepflegte pietistisch-herrnhuterische Frömmigkeit, in ihren Vorzügen vertreten vor allem durch die *»temperamentvolle Christin«* Julie Schubert, durch weniger erfreuliche Eigenschaften, Engherzigkeit und Unduldsamkeit, bei ihren im Hause verbliebenen Schwestern. Gerharts Mutter bewahrte sich eine schlichte Herzensfrömmigkeit. War ihm von väterlicher Seite mehr die Weltaufgeschlossenheit und Weltfreude, der klare Blick für die Realitäten des Daseins, die scharfe Beobachtungsgabe überkommen, aber auch eine gewisse Abenteuerlust und Sehnsucht in die Ferne, so bringt er von der Mutter her mehr das Mystische mit, das Tief-Besinnliche der schlesischen Seele. In den Hauptmanns lebt ein revolutionärer Zug, die Straehlers sind weit mehr gebunden an Autorität und Tradition, seit langem treue Diener und Beamte eines schlesischen Fürstengeschlechtes. Das mußte eine seltsame Mischung ergeben, etwas Widerspruchvolles, ohne das ja aber das Schöpferische im Menschen nicht entbunden werden kann. Künstlerische Züge finden sich im Erbgut beider Stämme – ein Siebenhaar war im 19. Jahrhundert der beste schlesische Stein- und Wappenschneider seiner Zeit. Unzweifelhaft: die polare Spannung, die Gerhart Hauptmanns Wesen und Schaffen durch die Jahrzehnte durchzieht und erst spät einem Streben nach Synthese Platz macht, läßt sich wohl durch die geheimnisvollen Wege des Blutes begründen, die in dem Enkel zusammenströmten. Nicht umsonst sollte ja ursprünglich »Das Abenteuer meiner Jugend« den Titel »Die Bahn des Blutes« (nach einem Begriffe Lao-Tses) tragen. Noch gefährlicher und unvermischter zeigen sich diese Anlagen im Charakter des anderen Dichters der Familie, in Gerharts Bruder Carl.

So stammt Gerhart Hauptmann von Vater- wie Mutterseite her aus Familien, die seit langen Jahrhunderten im Riesengebirge und seinem Vorlande heimisch waren. Und wenn ihn Jahrzehnte später Frank Wedekind in einem geplanten, aber nicht ausgeführten Drama mit dem schönen Titel »Der Niggerjud« als den »ewigen Arier« verspotten wollte, so sollte das nach dem Willen des Autors nicht eben ein Kompliment sein, aber es zeigt uns doch den Eindruck, den auf ihn der junge Gerhart machte: der langsam und stetig sich entfaltende, blonde, hochgewachsene Germanentyp aus fränkischem Stamm mit den träumerisch-versonnenen Zügen und den scharf beobachtenden hellen Augen.

Kindheit in Salzbrunn

Seit 1901 ist das Riesengebirge die endgültige Heimat Gerhart Hauptmanns geworden, wie es die seiner Vorfahren gewesen ist. Gewiß brachte der Dichter in einem festen Rhythmus des Daseins alljährlich Monate im Süden oder an der Ostsee zu – Ortswechsel war ihm Voraussetzung dichterischen Schaffens –, um indes immer wieder zu den Bergen Schlesiens und seiner burgartigen Zuflucht in Haus Wiesenstein in Agnetendorf zurückzukehren. Wirklich: ein Leben bis zum Tode in und mit Schlesien verwachsen, so daß jeder Aufenthalt in anderer Gegend als Episode wirkt. Von hier ging Gerhart Hauptmann aus, hierher kehrte er von allen Wegen wieder heim, hier verbrachte er das letzte schwere Jahr seines Daseins, hier schloß er für immer seine Augen, im Bereich der grünen Berge, die seine Augen zuerst erblickten, als sie sich bewußt den Eindrücken dieser Welt öffneten. Ein älterer Entwurf zu seinen Erinnerungen »Die abgekürzte Chronik meines Lebens« enthält die Feststellung: *»Wenn der Knabe sich aus dem Fenster biegt, erblickt er ein tempelartiges Haus, in der Ferne wird ihm die Welt durch einen einzigen, schöngeformten, spitzen Berg abgeschlossen.«* Hier in den allerfrühesten Kindheitseindrücken, der mit dorischen Säulen geschmückten Elisenhalle in Bad Salzbrunn (1892 abgebrannt) und dem dahinter aufsteigenden Hochwald, vereinigen sich bereits die beiden Pole, zwischen denen das ganze spätere Schaffen des Dichters schwingt: Schlesien und Hellas, nächste Heimat und fernste Ferne.

Es sollen hier nicht in biographischer Form die Einzelheiten der Kindheitsjahre nacherzählt werden; Hauptmann

Breslauer Zeitung.

Nr. 538 Mittag-Ausgabe. Verlag von Eduard Trewendt Montag, den 17. November 1862.

Emma Frankenstein
Isidor Teichmann.
Frankenstein Breslau.

Neuvermählte:
Rudolph Irmler, königl. Ober-Grenz-Controleur zu Messersdorf O. L.
Katharina Irmler, geb. Lebins.

Heute Mittag wurde meiner Frau Marie geb. Strähler, von einem gesunden Knaben glücklich entbunden.
Salzbrunn, den 15. Nov. 1862.
Robert Hauptmann.

Entbindungs-Anzeige
Meine liebe Frau Philippine, geborene Lex wurde heut von einem Knaben glücklich entbunden.
Breslau den 17. Nov. 1862
J. Kosch

Anzeige der Geburt Gerhart Hauptmanns

selbst hat sie aus der Schau des Alters in einmaliger Form, in breitem Strome wie das Leben selbst dahinfließend, im »Abenteuer meiner Jugend« (1937) unvergleichlich lebendig gemacht. Nur das für sein Wesen Grundlegende sei hier herangezogen. Mitten in den Vorbergen der schlesischen Gebirgskette verbringt er ungestört die ersten zwölf Jahre des Lebens (1862 bis 1874). Ungehemmt von der Umwelt, kann er sich in einem fast pflanzenhaft-seligen Dasein mit der Natur eins fühlen. *»Alles in der Natur schenkte sich mir.«* Im Rausche des Spieles erlebt er alles, was sein Wesen erfassen kann. Der Knabe schon ist sein eigener Lehrer und Schüler, und ein Autodidakt im edelsten Sinne des Wortes ist Gerhart Hauptmann allezeit geblieben. *»Das Kind fühlt kein Ziel, es fühlt keinen Zweck. Alles ist ... immerwährende Heiterkeit.«* Erst die Schule trägt ein ihm fremdes »Du mußt!« hinein, doch in diesen frühen Jahren noch durchaus, ohne sein innerstes Sein zu vergewaltigen oder auch nur zu berühren. Noch ist die Gefahr fern, daß ihm die Schule, wie später in Breslau, nahezu das Rückgrat bricht; Unersetzliches wäre damals in dieser Zeit zarten Keimens zerstört worden. So aber konnte er sich organisch aus dem Keim zur Knospe entwickeln. Gewiß sind es Schilderungen des alten Dichters, die er uns entwirft, aber wie kein zweiter vermag Hauptmann sich in die fernen Tage der Kindheit zurückzuversetzen und sie mit den Augen des Kindes – des ewigen Kindes – neu zu schauen. Und dann: im Grunde hat er sich ja nie geändert. Es ist charakteristisch, daß Gerhart Hauptmann nie etwas »geworden« ist, es nie zu etwas Äußerem gebracht hat. Er wird nur, der er ist. Bei Betrachtung seines oft verschlungenen Lebensweges erkennt man, wie wenig er allezeit etwas »gewollt« hat, wie er immer hat alles einfach wachsen lassen, auch seine Dichtungen, die in natürlicher Harmonie, oft mit jahrzehntelangen Pausen, langsam heranreifen. Nie spürt man eine unnatürliche Hast und Unrast, so wenig im Ablauf des Tages wie der Jahre. Wie das Kind, steht auch der Mann mitten in der Natur als ein Stück von ihr, schauend, forschend, nimmermüde gestaltend, und doch fast spielend – freilich das größte aller Spiele: die Wiedergabe der Totalität der Welt und ihrer Bewohner. Denn *»aus dem Spieltrieb erwächst die Kunst«*. Diese frühen Kindheitsjahre in Salzbrunn lassen in dem Dichter alle die Urkräfte entstehen, die später in ihm wirken: sie schaffen schon jetzt geradezu die Vollkommenheit seines Wesens. Er sagt es selbst: *»Die Jahre bis zur Vollendung des zehnten sind Schöpfungsjahre in jedem Sinn, und sie enthalten Schöpfungstage. Das Kind ist in dieser Spanne Zeit sein eigener geistiger Schöpfer und Weltschöpfer. So war denn auch ich der Demiurg meiner selbst und der Welt.«* Beim Beginn der Schule wird er auf den zukünftigen Beruf hingewiesen. *»Daß ich erst etwas werden solle, da ich doch etwas war, begriff ich nicht. War ich doch völlig eins mit mir. Nur immer so weiter zu sein und zu leben, war der einzige, noch fast unbewußte Wunsch, in dem ich beruhte. Freiheit, Stille, Freude, Selbstherrlichkeit, warum sollte man etwas anderes wollen?«*

Nicht als ob in dieser Idylle die dunklen Züge und Mächte fehlten. Das Kind hat kosmische Gesichte, die es quälen, das Phänomen des Schlafes und das größere des Todes beunruhigen es, und die stürmischen Ausbrüche seiner Affekte rufen Erschütterungen hervor, die freilich das Dämonisch-Geniale wecken. *»Meine Seele hätte sich überhaupt nie entbrannt und ins Leben gerufen, wenn nicht eben dieses Dämonische die Natur und mich ununterbrochen verwandelt hätte.«* Sein Leben und Spielen ist ein Träumen in fremden Gestalten, in höherem Grade als bei jedem Kinde. Macht sich hier nicht schon der künftige Dichter bemerkbar? – In der Tat: das Sein dieser Landschaft ist ihm der Mutterschoß seiner Persönlichkeit, seiner Seele geworden, von dem er sich nie mehr lösen konnte, auch nicht, wenn Körper oder Geist in der Ferne weilten. Dabei bleibt dieses Verhältnis immer ganz naturgegeben, also unreflektiert und unsentimental – anders als bei seinem Bruder Carl. Aber die Erinnerungen umschweben ihn ohne Unterlaß, und immer von neuem drängen sie zur Gestaltung.

Vergleicht man mit diesem Werden in der Salzbrunner Heimat all das, was ihm später Schlesien, Breslau und das Riesengebirge gegeben haben, so erscheint alles Spätere mehr akzidentell: es betrifft den Geist, nicht mehr die Urgründe der Seele. Gewiß, dieser Geist mußte gebildet, geformt, geweitet werden, und er wurde es – und doch, das urtümlich ihm eigene Wesen wurde hier und nur hier allein geboren und verblieb ihm unverändert ein langes Leben hindurch.

Nicht als ob die Anfänge seiner geistigen Entwicklung nicht schon hier ihre Pflege gefunden hätten. Die buntbewegte Umgebung des ersten Hotels in dem damals von der Hocharistokratie vieler Länder besuchten Kurorte, die geistige Regsamkeit des Elternhauses, Musik, Bücher, Bilder, all das trat schon dem Kinde in den Gesichtskreis. Sogar das Theater, und dies in seltsam schicksalhafter Weise. Nicht so sehr durch das kleine Kurtheater, das er mit der theaterliebenden Mutter wohl auch gelegentlich einmal besuchte, sondern durch ein unvergeßliches Geschehnis, das dereinst ungeahnte Folgen haben sollte. Gerhart lag – es mag um 1870 gewesen sein – im Winter krank darnieder, und um ihm die Zeit zu vertreiben, spielt ihm Bruder Carl auf einem Puppentheater die wundersame Geschichte vom Dänenprinzen Hamlet vor. »*Das Ganze kam der feierlichen Grundsteinlegung eines Baues gleich, der durch siebzig Jahre gewachsen ist. Das bedeutet der frühen Jugend Innengewalt, es bedeutet Voraussicht des Unbewußten, es bedeutet Wirksamwerden der Vorsehung, es bedeutet schöpferische Ent-*

wicklung.« Hier also wurde in der heimischen Umwelt der Keim gelegt zu der tiefen Verbundenheit, die Hauptmann hinfort mit dem größten dramatischen Genius des Germanentums empfand, für die vielfache und lange Auseinandersetzung gerade mit dem Hamletproblem und darüber hinaus für alle dramatische Entwicklung in ihm selbst.

Das war die obere Welt, in der das Kind, soweit es nicht in sich selbst beruhte, lebte. Aber das Glück wollte es, daß Gerhart Hauptmann zugleich in zwei Welten heimisch wurde, und ohne die »untere« wäre sein Lebensweg gewiß ein anderer geworden. Er tauchte in die breite Masse des heimischen Volkes ein: mochte er nun unten in der Stube des Fuhrmanns Krause – des Vorbildes des Wilhelm Henschel – sitzen und dessen Kindern unermüdlich selbstausgesponnene Märchen erzählen, mochte er mit den Gassenjungen lange Tage seinen wilden Spielen huldigen, oder mochte er im Mittel- und Niederdorfe in die Hütten der Kätner und Handwerker kriechen: überall trat er in Berührung mit der ihn mehr fesselnden Welt des Volkes, mit dessen Denken und Fühlen, Sorgen und Sprechen. Hier lernte er in noch höherem Maße Menschen, schlesische Menschen kennen, mehr als in der gedämpften, wohlerzogenen und geleckten Welt der fremden Kurgäste. Und so lernte er denn gleichzeitig zwei Sprachen, beide in Vollkommenheit, das Hochdeutsche und den Dialekt des Volkes der Heimat. *»Der Unterschied zwischen unten und oben war so groß, wie der zwischen dem sinnlich-seelenvollen Dialekt und dem sinnlich-armen, nahezu entseelten Schriftdeutsch ist, das als Hochdeutsch gesprochen wird. Unten im Hof erzog die Natur, oben wurde man, wie man fühlte, nach einem bewußten Plan für irgendeine kommende Aufgabe zugerichtet.«* Seine grundsätzliche Einstellung zu der Frage Dialekt-Hochsprache hat der Dichter selbst einmal in einem Aphorismus ausgesprochen:

Die Mundart zerstört die Poesie?
Der Quell verdirbt das Wasser!

Und wenn er im »Griechischen Frühling« bekennt: *»Was wäre ein Dichter, dessen Wesen nicht der gesteigerte Ausdruck der Volksseele ist!«*, so fühlt er zugleich die Verpflichtung, die tiefste und innigste Schöpfung dieser Volksseele, seine heimische Sprache, in die große Literatur und Kunst einzuführen. Wenn heute Schlesien trotz des Verlustes seines Heimatbodens auf dem Gebiete geistiger Kultur zu den bekanntesten Landschaften Deutschlands zählt, wenn seine heimische Sprache in die Reihe der großen Literaturdialekte getreten ist, wenn über sein Volkstum in aller Welt gearbeitet wird und man Werke im schlesischen Dialekt auch jenseits der Ozeane studiert, so verdankt Schlesien diese hohe Wertung einzig und allein dem Manne, der hier als Kind ganz unbewußt die Grundlage für seine einzigartige Beherrschung der Sprache und des Wesens seiner Heimat legte. Auch für die Zukunft liegt »Schlesien« als kultureller und geistiger Begriff in Deutschland ein für allemal fest, und seine Sprache bleibt lebend und lebendig im Werke eines großen Dichters.

Im ganzen spielen sich die Jugendjahre Gerhart Hauptmanns – äußerlich betrachtet – in engen Grenzen ab; man reiste in jener Zeit nicht viel. So wirkt sich im wesentlichen die nähere und weitere Umgebung des Geburtsortes aus und hinterläßt vielfache Spuren in den späteren Dichtungen. Nicht fern, über die Berge hinüber, liegt der Waldenburger Industriebezirk. Fahrten mit dem Vater im Zweispänner dorthin brachten köstliche Abwechslung. Und dieser erzählte gewiß unterwegs auf der Fahrt durch Weißstein von den Bauern, die früher hier nichts anderes als bescheidene Landleute und Fuhrherren gewesen, nun aber durch die Kohlenfunde so unermeßlich reich geworden waren, daß sie nicht wußten, wohin mit dem Gelde. Die soziale Frage trat in dieser Form schon an den Knaben heran.

Öfter verbringt er frohe Ferientage bei Onkel und Tante Schubert auf Rittergut Lohnig im Striegauer Kreise und erlebt hier eine erste Berührung mit einer anderen Welt, mit den Ideen herrnhuterischer Herzensfrömmigkeit. Der Wohlstand der Familie, die heitere Geistigkeit und Geselligkeit, die damals noch vor dem Tode des einzigen Sohnes Georg das Haus erfüllte, verhinderten, daß die leicht damit verbundene engherzige Muffigkeit sich breit machte. Unter den wenigen weiteren Reisen bedeutete ein Kuraufenthalt in Warmbrunn mit dem Vater für Gerhart viel: allerschönste Tage mit dem Vater, der so gar nicht an ihm herumerzog, mit den andern Lieben, die ihn hier überraschten, eine erste Berührung mit der alten Familienheimat und der Welt des Riesengebirges.

Von Salzbrunn aus nach der anderen Seite zu steigt jenseits eines tief eingeschnittenen Tales das machtvolle Schloß Fürstenstein auf, ein besonders beliebter Ausflugsort und zugleich ebenfalls ein Stück Heimat seiner Vorfahren. Eine Götterburg dünkte das Schloß dem Knaben, und noch dem reifen Dichter wurde dieser Eindruck (im »Till Eulenspiegel«, 5. Abenteuer) zur dichterischen Vision:

»Damit hatte nun Till eine Höhe erstiegen und blickte
hoch vom Rand einer felsichten Schlucht in den köstlichsten Abgrund,
den, vom Laube der Wälder verhüllt, wilde Wasser durchrauschten.
Des Amfortas gedenket da Till, denn es hebt eine Gralsburg
wiederum sich empor, nur viel herrlicher noch als die seine,
aus der Mitte des Tals, ein fast nacktes Geklippe bekrönend.

Schloß und Garten und Felsen erklangen vom nahenden
Abend.
Abschiedshymnen hinströmten die Brüste der Vögel dem
Christos,
der, noch leuchtend, ein wehes Gestirn, einen scheidenden
Glanz warf.«

Salzbrunn ist im Leben Gerhart Hauptmanns ein geschlossener Bezirk in und für sich, der Mutterschoß unendlicher Geburten der Seele, die Grundfeste, auf der sich die Zukunft aufbauen kann und von wo sie immer neuen schöpferischen Reichtum nehmen darf.

Schüler in Breslau

Zweimal wurde Gerhart Hauptmann die Haupt- und Residenzstadt seiner Heimatprovinz zum Schicksal, Breslau, damals die schnellwachsende zweite Stadt der Monarchie mit ihren 250000 Einwohnern. Von 1874 bis 1878 besuchte er mit meist geringem äußeren Erfolg die Realschule I. Ordnung »Zum Zwinger«, dann, nach dem kurzen Zwischenspiel als Landwirtschaftslehrling, von Herbst 1879 bis Ostern 1882 bereitete er sich erst privat auf das sogenannte »Einjährige« vor und besuchte dann anderthalb Jahre die Breslauer Kunstschule. Sechseinhalb Jahre in einer Stadt – das ist die längste Spanne eines Stadtaufenthaltes, die wir im Leben des Dichters überhaupt beobachten können. Schon insofern nimmt Breslau gegenüber Rom, Hamburg, Dresden, Jena, Zürich und Berlin, die doch stets nur den Charakter einer Episode in seiner Entwicklung tragen, einen eigenen Rang ein.

Indes, ein Großstädter war Hauptmann nicht und wurde er nicht. *»Ich konnte nicht leben ohne Licht, Luft und freie Natur«*, bekennt er in seinen Erinnerungen. Salzbrunn, Hohenhaus, Erkner – damals noch eine ländliche Gegend –, Hiddensee, die Riviera und die oberitalienischen Seen, also die geschichtslosen Gegenden Italiens, namentlich aber die heimischen Berge, das sind die Orte, in denen sich sein wahres Dasein abspielte, an denen er schaffen konnte. Für die Weltstadt aber, in die es den späten Abendländer mit magischer Gewalt zieht, findet er oft harte Worte. Er hatte ihre zerstreuende, zermürbende und die wahre Kunst auflösende Macht wohl kennengelernt und weicht ihr aus. Im

»Apostel« (1890), dem »Jesus« – Fragment (1897), dem »Hirtenlied« (1898), der »Anna« (1921) und dem »Abenteuer meiner Jugend« (1937) gibt er dieser Abneigung Ausdruck. *»Wie ein grauer widerlicher Schorf erschien sie ihm, wie ein Grind, der weiterfressen würde, in dies Paradies hineingeimpft: Steinhaufen an Steinhaufen, spärliches Grün dazwischen... Jawohl, das stand außer Zweifel: Städte waren nicht besser als Beulen, Auswüchse der Kultur. Ihr Anblick verursachte ihm Ekel und Weh.«* Und im »Hirtenlied« führt der Engel den am Leben und an der Großstadt kranken Künstler weit, weit hinweg und läßt ihn Patriarchenluft atmen:

»Du wirst nicht auf dem Markt, nicht in den Gassen,
nicht in den Kirchen, noch in den Palästen,
die weiße Taube finden, die du suchst.«

Wie es dem Jungen zumute war, der plötzlich aus dem Heimatparadies in die liebeleere Atmosphäre der Stadt versetzt wurde, das verrät ein Brief, den noch einige Jahre später der angehende Kunstschüler – am 13. Juni 1880 – an die *»geliebten Lederoser«* schreibt. Darin heißt es: *»Wenn ich mir das kleine Dörfchen vorstelle, wo sich Baum an Baum und Garten an Garten reiht, so überkommt mich oft ein wehmütiges Gefühl, welches mir alles das wüste Treiben der Stadt verhaßt macht. Hier hört man nur das Knallen der Peitschen, das Rollen der Wagen auf dem Steinpflaster, man schluckt Rauch und Staub, usw. Dort sangen die Vögel und flogen geschäftig hin und her, und überall war reine Luft.«*

Zum mindesten der erste Breslauer Aufenthalt umfaßt die schwersten und bittersten Jahre in Hauptmanns Leben, und noch bis in seine letzten Lebensjahre dachte der Dichter nicht gern an dieses *»immerwährende Zahnweh«* zurück. In ganz besonderem Maße stieg diese Erinnerung in ihm auf, als ihn im Jahre 1942 bei seinem 80. Geburtstag die Breslauer

Friedrich-Wilhelm-Universität zu ihrem Ersten Ehrenbürger ernannte. Er gedachte in seiner Dankesrede damals des gewaltigen Gegensatzes zu jenen Zeiten, wo er heimatlos in den Gassen der Stadt verlassen umhergeirrt war. Und doch hat er einmal Breslau seine »*geistige Geburtsstadt*« genannt! In der Tat: hier wurde unter Qualen und gegen vielfachen Widerstand die geistige Funktion seines Schaffens geboren und geformt als die notwendige Ergänzung der seelischen Grundkräfte, die sich ungestört in Salzbrunn hatten entwikkeln können. »*Die Stadt und die Schule*«, schreibt er schon 1891 in einem Briefe an Emil Reich, »*machten mich kränklich und verbitterten mich gemütisch. Ich habe damals die kummervollsten Jahre meines Lebens durchgemacht.*«

Und dreißig Jahre später heißt es in der »Anna«:

»Wie die Schule das Rückgrat ihm hatte lädiert,
das beschrieb er,
die Wahrhaftigkeit hatte sie ihm und den Freimut
genommen,
eigenes Denken verpönt und abgestempelten Unsinn
einzukleiden versucht in das edle Organ, drin die edle,
hochgebietend und frei, die Vernunft, zu thronen
bestimmt sei.«

Man liest mit Erschütterung die Einzelheiten der seelischen Entwicklung des werdenden Jünglings in jener qualvollen Epoche seines Daseins, wie sie fünfzig Jahre später Hauptmann aus starker dichterischer Schau heraus im »Abenteuer meiner Jugend« geformt hat. Mögen sich ihm in der Erinnerung auch Einzelheiten verschoben haben – im ganzen ist das Bild, wie der Vergleich mit älteren Äußerungen und Darstellungen ergibt, gewiß richtig. So seien auch hier nur die großen Umrisse skizziert, vor allem die Bedeutung, die Breslau unter geistesgeschichtlichen Gesichtspunkten auf den werdenden Künstler ausgeübt hat.

Es ist müßig, eine Schuldfrage aufzuwerfen. Viel Verständnis und vor allem Güte haben die Lehrer dem stadtfremden und langsamen Landjungen nicht entgegengebracht. Die Behandlung war zum Teil körperlich und seelisch roh. Die Kameraden waren froh, ein Ziel für ihre Spottsucht gefunden zu haben. Der ganze Schulbetrieb, wie er war und wohl auch sein mußte, konnte auf eine so empfindliche und an die Freiheit gewöhnte Natur nur abschreckend wirken. Freilich, Gerhart Hauptmann war auch kein Mensch, der sich leicht in eine öffentliche Schule eingefügt hätte; seine einzige Waffe war eine immer zunehmende Verschlossenheit. Die Einsamkeit kam hinzu, Heimweh, zunächst eine unzulängliche Unterkunft, dazu Streitigkeiten mit dem Bruder, dem um vier Jahre älteren Carl, der zudem ein Musterschüler war und dem gegenüber sich bei Gerhart Minderwertigkeitsgefühle einstellten, während er sich doch im Innern ihm in so vielem überlegen fühlte.

So brachte er es in vier vollen Jahren gerade bis zur Unterquarta; die Konfirmation des langaufgeschossenen Knaben stand bevor und damit die Frage, was er werden sollte. Im letzten Halbjahr besserten sich seine Leistungen zusehends, und als man sich nun doch zum Verlassen der Schule entschloß, war das Abgangszeugnis durchaus genügend. Man hätte erwarten dürfen, daß er nunmehr ohne Anstand die weiteren Jahre durchlaufen hätte. Wir aber dürfen heute dafür dankbar sein, daß er seinen Weg allein gehen konnte, in der ihm wesenseigenen Form, nach dem Gesetz, nach dem er angetreten, auch wenn es ihn später harte, aber fruchtbare Arbeit kostete, die Lücken seiner Bildung auszufüllen. Damals konnte das freilich niemand ahnen, es mußte zunächst bloß ein Bedauern übrigbleiben.

Dankbar gedachte der Dichter nur eines Religionslehrers, der das Denken und Urteilen seiner Schüler in ungewöhnlichem Maße zu wecken verstand. *»Sogar den lange entschie-*

denen Prozeß des Verräters Judas, des Erzbösewichts, wollte er revidiert wissen und ging umständlich daran, mit der Klasse auf originelle Weise das Für und Wider der Schuldfrage zu erötern. Die Saat ... gleicht dem Senfkorn, das sich in der Seele des Knaben im Laufe des Lebens zum Baume entfalten wird.«

Hier liegt der Anfang für die große Auseinandersetzung mit Christentum und Religion bei Hauptmann: zunächst gegen Ende der achtziger Jahre und zu Beginn der neunziger in den »Jesus«-Studien, dem geplanten Jesus-Roman, dem in den Anfängen erhaltenen »Testament des Judas Ischarioth«, der Studie »Der Apostel« (1890), dem bereits erwähnten Drama »Jesus« und endlich und abschließend in dem Wunderbau des wahrhaft unerschöpflichen »Narren in Christo Emanuel Quint«, vielleicht dem am meisten schlesischen Werke des Dichters und wahrlich nicht seinem geringsten.

Diese Anregungen für den Geist hätte ihm die Enge und Stille von Salzbrunn nicht übermitteln können. Und auch so manches andere nicht. Der Kreis seiner Lektüre weitet sich in Breslau durch mannigfache Anregungen von seiten Carls und des früh durch Selbstmord geendeten Freundes Dominik – dem im »Emanuel Quint« ein erschütterndes Denkmal gesetzt wurde – in einer für einen Knaben erstaunlichen Weise: natürlich liest er Schiller, Körner, Chamisso, aber auch Herder, Hölderlin, Novalis und endlich Shakespeare treten in sein Bewußtsein. Und als das wichtigste: das große Theater!

Es war in der allerdüstersten Zeit seines ersten Breslauer Aufenthaltes, als die Gastspiele der damals schon weltberühmten »Meininger« sich auch hierher ausdehnten und damit eine ungeahnte Folge von unabsehbarer Bedeutung für die deutsche Literatur hervorriefen. Mit 14 und 15 Jahren, im Herbst 1876 und 1877, konnte Gerhart den »Julius Caesar«, »Macbeth« und die »Hermannsschlacht« dargestellt sehen. Der Eindruck der erneuerten deutschen Bühnenkunst auf den heranreifenden Jüngling war gewaltig und folgenreich. Sein ganzes Leben hindurch war er ihm lebendiger Besitz, und gern und oft berichtete er davon. Die Meininger waren es, die seine latent bereits vorhandene Hinneigung zu Theater und Drama entzündeten und befreiten. Und wenn er bald nachher, um 1880, daran geht, sein erstes Drama zu schreiben, so verraten die »Germanen und Römer« in Themenwahl und Ausführung gar wohl, woher ihm die Anregung kam: Kleist gab ihm den Stoff, Shakespeare und Schiller viele Einzelheiten in Stil und Formung. Der volle Durchbruch dieser Entwicklung fand allerdings erst in dem zweiten Breslauer Aufenthalt statt, aber das entscheidende Ereignis fällt in diese erste Zeit.

Nach der Konfirmation in der Kirche zu St. Maria Magdalena, die ohne tieferen Eindruck an ihm vorüberging, entschloß sich Gerhart Hauptmann, einem Vorschlage seines Vaters zu folgen und als Landwirtschaftslehrling zu seinen Verwandten Schubert auf Rittergut Lohnig im Kreise Striegau zu gehen, wo er anderthalb Jahre zubrachte; in einer *»Sackgasse«*, wie er selbst betonte. Trotzdem der Plan bei den Verwandten bestand, ihn gleichsam an Stelle seines im Sommer zuvor plötzlich verstorbenen Vetters als Kind und Erben anzunehmen, machte man ihm das Leben hier nicht leicht; die Anfänge seines gefährlichen Brust- und Lungenleidens, das ihn bis ins neue Jahrhundert viel quälte, darf man hier suchen. Und doch kann man sich diese Episode aus seinem Leben nicht mehr wegdenken: die zahlreichen Nachwirkungen in seinem Dichten beweisen allein schon ihre Wichtigkeit. Er lernte das Landleben, die hart arbeitende Bevölkerung von Grund aus kennen. Onkel und Tante Schubert gehörten zu den »Stillen im Lande«. In einem Romanfragment, das letztlich wohl auf den verlorenen »autobiographischen Roman« aus dem Ende der achtziger

Jahre zurückgeht, schildert der Dichter einmal den Kreis seiner Verwandten: *»Das gütige, heitere und zur Lebensfreude neigende Wesen des Oberamtmanns wie die geistige Regsamkeit und die musikalische Begabung seiner Frau zogen allezeit Gäste in sein Haus. Sie kamen aus einsamen Pfarreien und Gutshöfen der engeren und weiteren Nachbarschaft: Pastoren, junge Vikare, pietistisch angehauchte Barone, alte adlige Damen, die Lavater und Geibel lasen, Lehrer und viele andere mehr. Kaum verstrich in der Woche ein Tag ohne Gäste, und für die meisten war die junge Frau ... eine Vertrauensperson, der sie gelegentlich ihre Herzen ausschütteten, um sich von ihr beraten zu lassen.«*

Vergessen wir auch nicht des kleinen Neuen Testaments, das ihm Tante Julie damals schenkte und in dem er viel und eifrig studierte. Hier legte er den Grund zu der ausgedehnten Kenntnis der Heiligen Schrift, die aus so vielen seiner Werke ungewollt spricht. Das zerlesene Bändchen hat ihn zeit seines Lebens begleitet und nach seinem Wunsch endlich einen Platz in seinem Sarge gefunden, um ihn in die Ewigkeit zu geleiten.

Da jedoch die Pacht des großen Rittergutes aufgegeben wurde und die Verhältnisse sich auf ein kleines Gut im benachbarten Lederose beschränkten, da nach dem Tode des Sohnes die alte Fröhlichkeit ganz geschwunden war, da Gerhart nach einem zuerst starken Eingehen auf den Geist des Hauses doch bald merkte, daß sein Geist andere Kost verlangte, da er unwiderstehlich zum Dichten getrieben wurde – seine kleinen Versuche stießen hier nur auf Ablehnung –, stellte sich bald heraus, daß seines dauernden Bleibens nicht sein konnte. Immerhin: er war hier einmal ganz eingetaucht in die Welt der sektiererischen Frömmigkeit Schlesiens und hatte sein Weltbild nach mancher Seite hin geweitet. Weder die »Anna« noch große Teile des »Emanuel Quint« noch die saftige Fülle des Gesamtbildes in der »Rose

Bernd« sind ohne diese Zeit und Tätigkeit zu denken. Zu Beginn der neunziger Jahre hat er manche Entwürfe für ein »Anna«-Drama niedergeschrieben, in denen die ganze Atmosphäre von Lederose sehr plastisch, aber nicht ohne eine gewisse Erbitterung und Ironie gegenüber der Engherzigkeit und Muffigkeit des Sektierertums dargestellt ist. Sein Lebensweg forderte nach immanenten Gesetzen die Fortbildung jener Entwicklung, die in Breslau eingesetzt hatte. Und so kehrte er nach manchem Schwanken im Herbst 1879 dorthin zurück.

Der zweite Breslauer Aufenthalt, 1879 bis 1882, trägt ein wesentlich anderes und in zunehmendem Maße erfreulicheres Gepräge. Es ist ja das eigentliche Charisma Hauptmanns, daß er in einem Ausmaße, wie es die deutsche Dichtung vor ihm nicht kannte, Menschen und immer wieder Menschen in unvergleichlicher Fülle, Schärfe und Lebenstreue abzubilden vermag. Shakespeare, Balzac, Dickens besitzen diese Gabe in der Weltliteratur, auf dem Gebiete der Malerei vor allem Hans Holbein und Adolf von Menzel, Hauptmanns schlesischer Landsmann. Hier liegt gewiß eine natürliche Urveranlagung vor, eine Abnormität des Schauens und Gestaltens, die erst den Ausnahmefall des großen Künstlers schafft. Der Weg zur Plastik, mochte er auch in sich an kein Ende führen, war diesmal kein Irrweg, keine Sackgasse, war eine notwendige Phase seiner Entwicklung, bedingt durch die künstlerische Grundveranlagung.

Das erste Jahr jenes Aufenthaltes wurde mit dem erfolglosen Versuche vertrödelt, sich für das sogenannte »Einjährigen-Examen« vorzubereiten. *»Es war eine tote Epoche«* und *»Ein trauriger Tiefstand war erreicht«*, so beurteilt später Gerhart Hauptmann selbst diese Zeit. Ja, die älteren Biographen haben diese Monate ganz vergessen, aber neue Forschungen (A. Kloß) haben doch gezeigt, daß sie in vieler Beziehung grundlegend für die Zukunft wurden. »Wichtiges

Bildungsgut kultureller, künstlerischer und philosophischer Art war gewonnen und konnte weiter wirken. Der Aufbruch zur Dichtung war erfolgt... Die für Gerhart Hauptmann charakteristische Doppelbegabung als Dichter und Bildhauer trat zutage, eine Klärung mußte erfolgen... Es begann der Kampf um die wahre Berufung.«

Erst im Herbst 1880 trat er in die Breslauer Kunstschule als Schüler ein. Die Gesamtatmosphäre dieser Anstalt stand damals nicht eben auf hoher Stufe, obwohl nicht unbeträchtliche Künstler an ihr wirkten. Unstimmigkeiten, die bis zur zeitweiligen Verweisung von der Anstalt führten, blieben nicht aus. Auch äußerlich hatte der noch ungefestigte Jüngling Schweres durchzumachen. Der Vater hatte wirtschaftlich die »Preußische Krone« nicht halten können und die kleine Bahnhofswirtschaft in Nieder-Salzbrunn – damals Sorgau; nomen omen! – übernehmen müssen. So konnte Gerhart nur ganz unzureichend geldlich unterstützt werden, die ungewohnte »akademische Freiheit« verführte ihn zu unbedachten Ausgaben, kurz, er geriet in die äußerste Not, in der ihm im wesentlichen die auch nur wenig begüterten Breslauer Freunde beistanden. Dieser Jugendfreuneskreis in Breslau – er war vielleicht das größte Erlebnis, das ihm hier beschieden war. Eigentlich waren es zwei Kreise, der eine, dem Gerhart im ersten Jahre näher stand, um Alfred Ploetz (1860–1940), den späteren Rasseforscher und -hygieniker, und Bruder Carl versammelt. Hier herrschte ein rücksichtsloser revolutionärer Reformergeist, seltsam gemischt aus sozialen Ideen und altgermanischer Romantik, im ganzen nicht ungefährlich unter der Herrschaft des Sozialistengesetzes. Mehrere Jahre später, als Gerhart Hauptmann sich bereits daraus gelöst hatte und in der Ferne weilte, kam es in der Tat zu einem ernstlichen Konflikt mit den Staatsgewalten. Aber welchen hinreißenden Schwung, welche weiten Ideen konnten dem jüngeren Mitglied diese jugendlichen

Brauseköpfe geben! Hier fand er Freundschaft, die fürs Leben bestimmend wurde, vornehmlich mit Alfred Ploetz und Ferdinand Simon, während die wirkliche oder scheinbare Freundschaft späterer Jahre zumeist auf Voraussetzungen gesellschaftlicher oder geschäftlicher Art beruhte.

Der zweite Kreis bildete sich nach seinem Eintritt in die Kunstschule (Oktober 1880) unter den werdenden Künstlern: Hugo Ernst Schmidt, Max Fleischer u.a. bildeten den kleinen Zirkel, in dem unendliche Diskussionen über die Fragen der Kunst und des Lebens geführt wurden. Allen diesen Freunden hat der spätere Dichter in seinen Werken ein Denkmal gesetzt: Ploetz im »Helios«-Fragment (als Alf), im »Fest«, in »Atlantis«, »Emanuel Quint«, im »Buch der Leidenschaft«, und auch Alfred Loth in »Vor Sonnenaufgang« trägt z.T. Züge des Freundes. Hugo E. Schmidt erscheint als Lachmann in »Michael Kramer« und in der erschütternden Gestalt des »Gabriel Schilling«.

Es mag an dieser Stelle ein Wort über das Verhältnis der beiden Dichterbrüder zueinander gesagt werden. In dieser zweiten Breslauer Zeit war Gerhart Hauptmann besonders nahe daran, dem Chaotischen in seiner Brust nachzugeben, der ihm eigenen Zwiespältigkeit, die in der schlesischen Seele nun einmal ruht, zu erliegen. In harten Kämpfen mit schwerem eigenen Schicksal, durch unermüdliche Arbeit findet er dann doch den Weg zu fester künstlerischer Form im Bereich der Dichtung und zur Beherrschung der ihn im Innern bedrängenden Mächte. Er, dem in seiner Jugend weder eine feste Schulzucht noch später eine exakte wissenschaftliche Durchbildung von außen her Halt geben konnten, er geht einsam trotzdem diesen schmalen Pfad zur Überwindung des Chaos durch den Logos. Es ist der Kernpunkt der Tragik, die auf dem Verhältnis der beiden Brüder Carl und Gerhart zueinander lastete, daß der Lebensweg des älteren die umgekehrte Richtung nimmt. Bei aller Gegensätzlichkeit vertreten doch erst beide zusammen das volle schlesische Wesen und bilden gemeinsam eine Einheit. Sie sind ja in doppelter Hinsicht einem Mutterschoße entsprossen, dem leiblichen und jenem unfaßbaren anderen der Heimat. Gerhart, der still beobachtende Träumer, Carl, der stets erregte Enthusiast, der glänzende Debatter, der die Seelen der Freunde zu sich heranzog. Ein Musterschüler, dann aufwachsend in der strengen Schulung einer materialistisch-positivistischen Wissenschaft bei Ernst Häckel und Richard Avenarius, sehnt er sich im Grunde seiner Seele aus dieser überklaren, verstandesmäßigen Welt zurück nach ihrem Urgrund, nach dem Chaos, dem Irrationalen, das später seine Dichtungen oft nur allzusehr in einen Nebel hüllt. Man versteht aber, daß Carl gerade in diesen Jahren auf den jüngeren Bruder, dessen Dichterbegabung er als erster erkannt und gefördert hat, anregend und wegweisend wirken konnte. Nie standen sich beide näher als in diesem Jahrzehnt von 1880 bis 1890, damals, als der jüngere Bruder in das Widmungsexemplar seines ersten Dramas am 17. August 1889 dem älteren die herzlichen Worte schrieb: *»Seinem alten, lieben, treuen Bruder, Freund, Berather und Förderer Zarle mit innigem Gruß.«*

In zahlreichen Dichtungen und Fragmenten spricht er sich ausführlicher über sein Verhältnis zu Carl und dessen Charakter aus, so im »Buch der Leidenschaft«; nur eine Stelle sei hier daraus angeführt: *»Wenn ich bedenke, ... wie er an sich und anderen trägt, wie er, bewußt und unbewußt, dem ganzen Menschenschicksal verhaftet ist, wie alles in ihm nach Erlösung schreit: für sich, für die anderen, für die Welt, wenn ich bedenke, zu welchen Höhen der Menschheitshoffnung der begeisterte Jüngling uns andere ehemals hinreißen konnte, welche kristallreine Lauterkeit im Wollen und Handeln ihn auszeichnete, so muß ich bekennen, daß ich, was sein Wollen und Handeln anbelangt, einem zweiten Men-*

(wiederum in den Brunnen rufend):

He, alter Nickelmann, komm doch herauf.
Die Buschgroßmutter ist nach Tannenzapfen,
Ich langweil' mich so sehr. Erzähl' mir was!
Thu' mir's zuliebe! gern erzählt' ich, wie
dafür noch heute Nacht, dem Marder gleich
des Kesselbauers Hühnerstall beschleichend,
'nen schwarzen Hahn — Er kommt! — He, Nickelmann!
es unkt und gurkt; die Silberkuglein steigen.
Hört er jetzt auf, zerbricht er mir mit eins
das schwarze Spiegelrund, darin ich mir
mich unten her so lustig widerwinke.

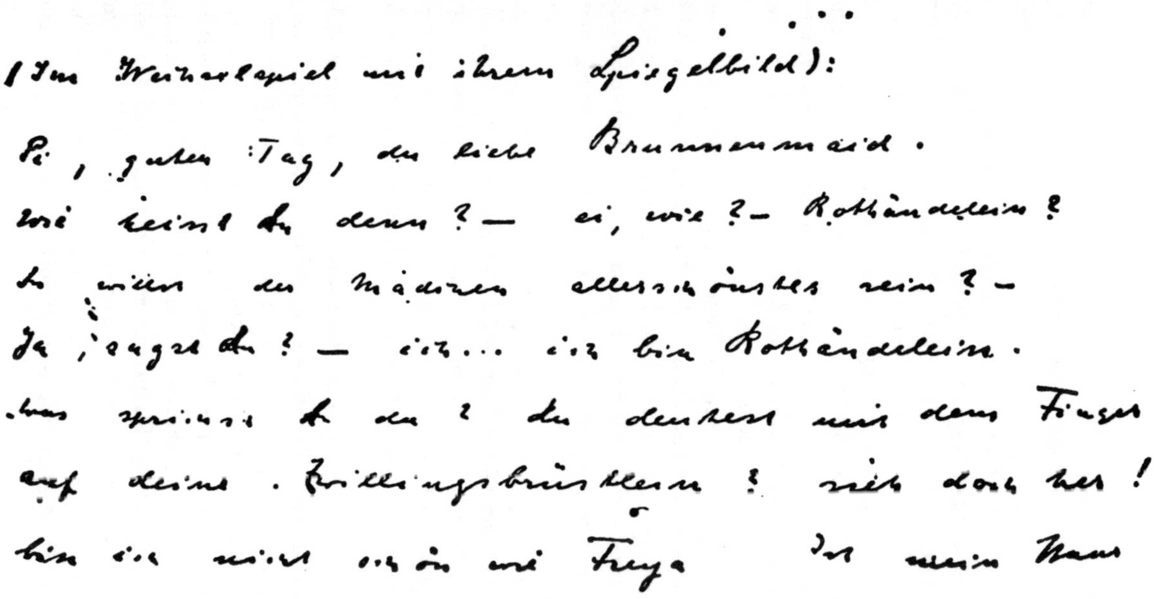

(Im Wasserspiel mit ihrem Spiegelbild):
Ei, guten Tag, du liebe Brunnenmaid.
Wie heißt du denn? — ei, wie? — Rautendelein?
Du willst des Mädchen allerschönstes sein? —
Ja, sagst du? — ich ... ich bin Rautendelein.
Was zeigst du da? du deutest mit dem Finger
auf deine Zwillingsbrüstlein? sieh doch her!
bin ich nicht schön wie Freya? Ist mein Haar

Handschrift Gerhart Hauptmanns 1896 (»Die versunkene Glocke«, I. Akt) *schen wie ihm nicht begegnet bin ... Er ist ein Gefäß für Mysterien, er kämpft einen nicht gewöhnlichen Kampf, er trägt ein nicht gewöhnliches Schicksal. Es sind finstere Dämonen, mit denen er zu kämpfen hat, und ein dauerndes schweres Ringen zeigt sich in jedem seiner Züge. Und wo er zurückstößt, ist es nicht vielleicht darum, weil die Welt allenthalben die tiefen Liebeskräfte seiner Seele zurückgestoßen hat? Kräfte, die allerdings von Reizbarkeiten aller Art umgeben sind. Habe ich ihm doch oft genug gesagt: ... Du bist wie ein Mensch ohne Haut. Berührt man dich nur, und geschähe es auch mit der äußersten Vorsicht, schreist du sofort wie ein Besessener.«*

In die ganze irrationale Tiefe dieses Verhältnisses aber leuchtet ein sehr zurückhaltendes Wort hinein, das Gerhart Hauptmann, Jahre nach Carls Tode, einmal aussprach: *»Ich glaube nicht, daß er mit irgend jemand in der Welt schicksalhafter verbunden gewesen ist als mit mir, womit etwas gesagt ist, das viel weniger ausspricht, als es verbirgt ... Wenn mir der Lebende während langer Jahrzehnte, vermöge seines Selbstbestimmungsrechtes und der strengen Forderungen seines intelligiblen Charakters, absichtlich ferne stand, so ist dies nicht mehr der Fall mit dem Geiste des Verstorbenen. Und er war ein Geist, viel weniger ein geistvoller Mensch als ein Geist.«*

Die Entwicklungslinien der beiden Brüder schnitten sich und mußten sich also später naturgemäß voneinander entfernen. Der Schnittpunkt aber liegt gerade in diesem Jahrzehnt. Carl rang im Letzten schließlich nur noch darum, das Unsagbare zu sagen. So bekommt sein Dichten das Ungreifbare, man sieht in dunkle, unermeßlich tiefe Schächte hinab, ohne doch etwas Plastisches zu erkennen. Daß Gerhart Hauptmann dieser Gefahr – und es ist eine Gefahr! – nicht erlegen ist, verdankt er seinem eigenen Ringen, das ihn wesentlich durch seine früh erworbene Schulung an dem

Geist der Antike das im Tiefsten Gestaltlose seiner schlesischen Seele überwinden und ihn so zur bildnerischen Gestaltung kommen ließ. In diesem Sinne war der scheinbare Umweg über die Plastik innerste Lebensführung. Er entging damit auch der anderen Gefahr, gleichsam pflanzenhaft unbewußt in seinem Eigenbereich zu vegetieren. Aus dieser Sphäre trat er heraus – und es sei nicht verschwiegen: damit auch aus der rein schlesischen – und konnte damit gerade von außen in das Wesenhafte des eigenen Ichs hineinschauen. So wurde er der Weltdichter deutscher Zunge, der letzte Klassiker. Dieser Gegensatz aber ist der grundlegende Unterschied zwischen »Einhart dem Lächler« und »Emanuel Quint«. –

Unter den Lehrern der Kunstschule wirkten zwei besonders auf ihn ein: Alwin Schultz durch seine feinsinnigen Vorlesungen über Kunstgeschichte, die in Gerhart die unbezwingliche Sehnsucht nach Italien weckten, und menschlich wie künstlerisch Professor Haertel. Den beiden Malern, Albrecht Bräuer, dem Urbild Michael Kramers, und James Marshall, dem »Kollege Crampton«, trat er in der Schule nicht näher, doch konnten ihm seine Freunde genug von ihnen, namentlich von dem bedeutenden Bräuer, berichten. Mit Marshall, der 1881 nicht ganz freiwillig aus dem Lehrkörper ausscheiden mußte, hat er so manche Nacht durchgezecht und seinen faszinierenden Gesprächen gelauscht. Auch saß er ihm Modell für sein großes Bild: Mephistopheles und der Schüler. Der blonde Jungenkopf Gerhart Hauptmanns hatte es dem Maler im besonderen angetan. Im Wiesenstein hatte er ein prachtvolles Selbstbildnis Marshalls aus dessen bester Zeit hängen, vor dem er gern stand und von den alten Erinnerungen erzählte.

Die Kunst in allen ihren Erscheinungen schlug ihn ganz in Bande: Die Plastik, die Malerei und das unendliche Gebiet der Literatur. Im Lobetheater konnte er eine gute Aufführrung des »Hamlet« sehen, die großen Dramatiker, namentlich Goethe und Shakespeare, werden immer von neuem studiert. Und endlich werden die eigenen Anfänge des Dichtens fortgesetzt. Die Stoffe im einzelnen interessieren uns hier nicht; es sind die üblichen der Epigonendichtung: »Konradin«, »Ingeborg« (nach der Frithjofs-Saga); das »Hermannslied« entstand im ersten Breslauer Winter und wenig später das fünfaktige Drama »Germanen und Römer«. »Hauptmann hatte auch in jener Zeit schon einen mächtigen Trieb für das Drama«, berichtet sein Jugendfreund Fleischer in späterer Zeit. Schlesische Stoffe berührten ihn noch nicht näher – das liegt seinem damals auf das »Monumentale« gerichteten Geiste nicht –, es sei denn, daß man das Auftreten Rübezahls, des heimischen Berggeistes, in Hauptmanns erster gedruckter Dichtung heranziehen will, im »Liebesfrühling«, der Gelegenheitsdichtung zu der Hochzeit seines Bruders Georg mit Adele Thienemann im Herbst 1881.

Durch diese Verbindung, die Verlobung Carls mit Martha Thienemann und Gerharts Verspruch mit deren Schwester Marie bei jener Hochzeit, hatte sich auch die wirtschaftliche Lage der Brüder grundlegend geändert, und weitschauende Pläne konnten in Angriff genommen werden. Durch Haertels Vermittlung war Gerhart die Reife zum Einjährig-Freiwilligendienst und die Erlaubnis erwirkt worden, in Jena studieren zu dürfen. So neigt sich die Breslauer Zeit ihrem Ende zu. Nur eines äußerlich schnell vorübergehenden Ereignisses sei noch gedacht, des Besuches in Lederose zu Pfingsten 1880 und der tiefen Liebesleidenschaft, die Gerhart zu der Landwirtschaftselevin Anna Grundmann aus Liegnitz packt. Ein paar schnell verflogene Ferientage, die nichts als eine Erinnerung zurückließen. Der zweifelhafte Onkel Karl verhinderte durch Unterschlagen eines Briefes, daß sich eine nähere Beziehung anspann – zum Glück für den werdenden Dichter! Aber unvergeßlich blieb ihm dieses Jugenderlebnis, und immer wieder hat er es dichterisch gestaltet über mannigfache (unveröffentlichte) Dramenentwürfe bis hin zu dem Epos »Anna« und der Schilderung im »Abenteuer meiner Jugend«. Aber schon ein Gedicht des »Bunten Buches« gibt diesen tiefen Eindruck wieder, und man geht wohl nicht fehl, daß es nächst den Stammbuchversen für Frau Julie Schubert aus dem Jahre 1880 eins der ältesten Hauptmanns ist und etwa in oder bald nach der Breslauer Zeit geschrieben wurde. Diese beiden kleinen Gedichtchen atmen als erste etwas von schlesischer Heimatluft.

Überblicken wir diese wichtigen Jahre in Breslau noch einmal in Kürze. Je länger, je mehr wurde ihm die alte deutsche Stadt lieb. *»Mein überall lebhaft suchendes Auge und mein selbstverständlich geweckter Geist konnten daran nicht dauernd vorübergehen. – Da waren zunächst die herrlichen Kirchen von St. Magdalena und St. Elisabeth, die mehr als der Dom auf der Oderinsel das Wahrzeichen der Stadt bildeten. Sie drängten sich nahe an den Ring, der den schönsten gotischen Profanbau, das berühmte Rathaus, umgibt.«* Und an anderer Stelle: *»Die wunderbare Gotik des Rathauses fesselte mich halbe Sunden lang: gleichviel, ob es als Ganzes unterm kalten Lichte des Mondes stand oder nur dies und das aus der Fülle seiner Einzelheiten durch die Gaslaternen des Ringes herausgehoben wurde. Hier wurde mein Sinn für Baukunst geboren, hier trieb ich, wenn ich von den Bauklötzen meiner Kindheit absehe, autodidaktisch mein frühestes Architekturstudium.«*

In Breslau erfuhr Gerhart Hauptmann in doppelter Hinsicht seine Berufung zum Künstler und besonders zum Dramatiker: durch die Weckung seines dramatischen Empfindens und durch die Schulung der ebenfalls in der Anlage vorhandenen Fähigkeit, Menschen zu beobachten und zu gestalten. Gewiß und natürlich, daß diese nun einmal bestehenden Urkräfte seiner künstlerischen Begabung ohnehin einmal durchbrechen mußten; aber Hauptmann erlebte dieses entscheidende Ereignis seiner geistigen Entwicklung nun eben in Breslau, der Stadt, in der seine Urgroßmutter Stenzel schon als Künstlerin auf dem Theater tätig gewesen war. Und endlich als Wichtigste: *»Vor meinem geistigen Auge gebar sich, Athene mit Schild und Speer, die Urteilskraft. In der Zeit meines seelischen Siechtums hatte ich mich wie eine Fliege im Spinnennetz unentrinnbarer Abhängigkeiten herumgewälzt. Nun war ich frei, denn ich wurde von der neugeborenen Göttin für frei erklärt.«*

Heimkehr in die Berge

Wir dürfen das folgende Jahrzehnt überspringen: es sind Gerhart Hauptmanns Wanderjahre, die ihn über Jena nach Italien führen, nach Hohenhaus zu der Braut, wieder nach Rom, nach Berlin, dann nach der Eheschließung in Dresden (5. Mai 1885) nach Erkner, nach Zürich und wieder nach Berlin, die ihn nach mancherlei Irrwegen emporgeleiten auf die Höhen des Ruhmes. Seit 1889 ist er der Führer der neuen Dichtergeneration. Und doch ist ihm in diesen bewegten Jahren im Strome der Zeit die alte Heimat, der er fern war, nie ganz aus dem Bewußtsein geschwunden. Daß er sie 1887 auf einer Wanderung durch das Riesengebirge bewußt neu entdeckt, ist bereits erwähnt. Aber auch in seinem Dichten leuchten immer wieder schlesische Motive und Züge auf. Im »Bunten Buch« stellt das Gedicht von der Bergliese (»Die Mondbraut«) ein Motiv dar, das später in »Hanneles Himmelfahrt« dramatisiert wurde. Die beiden Hochzeitsspiele zu der Vermählung seiner Brüder Georg und Carl (1881 und 1884) enthalten nahezu keine schlesischen Züge. Das wird aber nach 1887 anders. In Zürich entsteht 1888 der Plan, ein Drama »Die Weber« zu schreiben; der leider bis auf geringe Spuren verschollene »autobiographische Roman« aus dem Ende der achtziger Jahre hat naturgemäß die Jugendjahre eingehend dargestellt. Hauptmann arbeitete gerade in Zürich darüber und las wohl auch ein Kapitel daraus (mit recht realistischen Einzelheiten, wie wir durch Wedekind wissen) den Freunden und Bekannten vor; der Held hieß Lorenz Lubota wie später der Erzähler im »Phantom«. Etwa zu der Zeit der frühen Novellen »Fasching« und »Bahnwärter

Thiel« (1887) oder wenig später wird eine kleine Erzählung angelegt: »Ein linker Kunde« (anderer Titel: »Christoph der Usinger«). Ein Reservist, Christoph Quaratschin, erwacht nach durchschwärmter Nacht am Morgen nach seiner Entlassung vom Militär. Interessant ist, daß seine Herkunft von einem italienischen Vater erwähnt wird. Das Motiv der Italiener im Riesengebirge hat ja auch später Hauptmann im »Venezianer« (nach 1900), in der »Pippa« und dem Fragment »Galahad« (»Die Gaukelfuhre«) gefesselt. Es ist übrigens derselbe »Usinger«, der dann als »geborener Klemt«, aus der Fremdenlegion entlassen, in den »Jungfern vom Bischofsberg« französisch radebrechend als vagabundierender Kammerjäger auftritt. Im Frühjahr 1889 vollzieht sich dann unter dem Einfluß der neuen Literaturrichtung der entscheidende Schritt von den »Jesus-Studien«, also gewissermaßen einer Vorstufe des »Emanuel Quint«, in die Gegenwart, und Hauptmanns Erstling »Vor Sonnenaufgang« läßt die Welt der Umgebung von Salzbrunn und so manche Erinnerungen an die Breslauer Zeit und die dortigen Freunde neu erstehen. An das Ehepaar des alten Oberamtmanns Vockerat und seiner aus der Gegend von Breslau stammenden Frau (»Einsame Menschen«), für die Onkel und Tante Schubert deutlich genug Modell gestanden haben, sei nur kurz erinnert. Und wie am Anfang dieser Zeit das Gedicht »Anna« stehen mag, so an ihrem Ende, z.T. allerdings noch vor den »Einsamen Menschen«, nicht weniger als vier verschiedene, z.T. recht umfangreiche dramatische Versuche, das ihn tief erschütternde Jugenderlebnis in Lederose zu gestalten (»Anna«, Liebes- und Lustspiel, »Dromsdorf«, »Die Rose von Dromsdorf« und »Jubilate«, aus den Jahren 1890 bis 1892 stammend). Man erkennt deutlich: wenn es Hauptmann um 1890 mit unwiderstehlicher Macht zurück in die heimischen Berge zieht, so geht in seiner Dichtung die gleiche Hinkehr zu schlesischen Stoffen Hand in Hand.

Unmittelbar darauf folgen, bereits in Schreiberhau geschrieben, von 1891 bis 1892 »Die Weber« (zunächst in der reinen Dialektfassung: »De Waber«), »Kollege Crampton«, »Der Biberpelz« (mit der aus Schlesien stammenden Mutter Wolffen) und »Hanneles Himmelfahrt«.

Im Sommer 1890 hatten Gerhart und Carl mit ihren Frauen einige Wochen in Bad Flinsberg zugebracht – die »Einsamen Menschen« wurden dort begonnen – und vom Hochstein aus den Blick auf das damals noch unerschlossene Schreiberhau genossen. Wenige Tage später fuhr man mit dem jetzt in Warmbrunn ansässigen Vater nach Mittelschreiberhau, wo man in lieblichster Lage ein Haus erstand mit dem Entschluß, daß beide Familien fortab darin wohnen sollten. Allerdings mußte man im Hause, das ein 32 Morgen großer Park umgab, einen beträchtlichen Ausbau vornehmen lassen, so daß der Einzug erst im August 1891 stattfinden konnte. Eigentümer wurde zunächst, auch im Interesse der Kinder, Gerhart; 1904 ging der Besitz gegen eine Abstandssumme in die Hände von Carl über.

Der Dichterfreund Bruno Wille schildert einmal in seinen »Erinnerungen an Gerhart Hauptmann« die Landschaft. »Lodernd von bunten Blumen, geht hier das Wiesental der »Siebenhäuser« niederwärts, von Murmelbächlein durchronnen. In halber Tiefe liegt eine Schleifmühle an einem Teiche, der emporlugt wie ein Auge. Kulissenhaft ragt links ein Bergwald, rechts der felsige Eulenstein mit der katholischen Kirche. Im Hintergrunde steigt zunächst ein Hang empor mit etlichen Waldarbeiter-Häuslein und jenem ›Rettungshaus‹, das in »Hanneles Himmelfahrt« eine Darstellung gefunden hat. Links davon nebelt es aus den Schluchten des Zackenflusses und Kochelfalls, und es wölbt sich der waldige Breite Berg. Dahinter ins Ferne gedehnt, steigt zu den Wolken die teils grünliche, teils violette Wand des Gebirgskammes, zerrissen durch die Schneegruben, darin noch im Juni Winters Reste schimmern... In dieser Ansicht schwelgend, meinte Gerhart Hauptmann: ›Hier ist gut sein‹ und Carl spann das Zitat weiter: ›Hier laßt uns Hütten bauen!‹«

Diese Heimkehr in die Berge rechnet der Dichter selbst zu den bedeutendsten Ereignissen seiner Entwicklung. *»Als ich hierher kam«*, heißt es in der Fortsetzung des »Abenteuers meiner Jugend«, *»ahnte ich kaum, in welchem Maße mich diese gewaltige Welt sich angleichen sollte. Sie umschloß mich mit ihrer tiefen Magie. Sie ließ nicht nach, mit der wilden Dramatik ihrer Gewölke, ihren Föhnen und Äquinoktialrasereien zugleich den Zauber der Jahreszeiten, den unerschöpflichen Reiz alpiner Schönheiten zu entfalten. Je mehr ich mich in das Damals hineinsinne, je ungeheurer in meinem kleinen Leben erstehen die Folgen jenes Schritts, der mich in diese Gebirge führte. Sie wurden die eigentliche Welt in der Welt für mich. Der Sinn meines Lebens in der Welt zum wahren Sein und Genießen darin ward mir hier erschlossen. Und ich wollte darüber hinaus nichts sehen, was nicht durch diesen Rahmen gesehen wurde. In einem gewissen Sinne ist es wahr, wenn ich sage, ich sei, wohin es mich immer auch außerhalb dieses Bereiches über Grenzen und Ozeane verschlagen hat, nie eigentlich wieder aus ihm herausgetreten. Man mag ermessen, ob mein Schritt in die Öffentlichkeit oder der in die Heimatberge wichtiger war.«* Und an gleicher Stelle spricht er von der Eigenart dieser Gebirgsheimat: *»Die Stille des Kamms – wer wollte es leugnen? – ist rätselhaft. Das magische Schweigen des Bodens nicht minder. Ich habe das nicht im Schwarzwald, auch nicht in den Alpen, auch nur ähnlich gefühlt. Es ist eine sprechende Ruhe, ein sprechendes Schweigen, als könnte sich jeden Augenblick ein hunderttausend Jahre verschollenes, in die Geheimnisse des Granits gefesseltes und gebanntes Leben mythisch und mystisch wiederherstellen ... Nüchtern betrachtet, gewann ich hier und in* *jenen bedeutsamen Tagen für meine künstlerische Tätigkeit und das erregende Scheinwesen des Theaters das gesunde Gegengewicht.«*

Noch vor dem Einzug (9. August 1891) ins neue Heim unternahm Gerhart Hauptmann die für die Vorstudien zu den »Webern« wichtige Reise ins Eulengebirge (April 1891), von der er an der gleichen Stelle der Erinnerungen eindringlich zu erzählen weiß. Ein neuer Teil schlesischer Landschaft, eine neue Schicht schlesischer Menschen erschloß sich ihm.

Leider war das Glück, das ihm die wiedergewonnene Heimat schenkte, zunächst nicht von Bestand. Die Gründe hierfür liegen in seinem persönlichen Schicksal, den Ehewirren, die schon zu Ende des Jahres 1893 einsetzten, ihn u. a. nach Amerika führten und von 1894 an gewissermaßen heimatlos machten, da Bruder und Schwägerin sich gegen ihn stellten. Er siedelte allein nach Berlin über, aber die tiefe schmerzvolle Sehnsucht nach den Bergen bleibt.

So schrieb er die eigentlich schlesischen Worte der nächsten Jahre, »Die versunkene Glocke«, »Fuhrmann Henschel«, »Schluck und Jau« in der Ferne, wohl aus jenem geheimnisvollen Gesetze des Gegensatzes heraus, das Ibsen sein düsterstes Werk, die »Gespenster«, an den sonnigen Küsten von Sorrent gestalten ließ.

Ende 1899 hatte sich die Lage geklärt, die endgültige Trennung von seiner ersten Frau war entschieden, die Notwendigkeit, sich und seiner neuen Lebensgefährtin ein festes Heim zu schaffen, gegeben. Die Wahl fiel auf Agnetendorf. Hier wurde in den Jahren 1900/01 von Hans Grisebach der »Wiesenstein« erbaut, jenes feste Schloß, das halb wie eine Burg, halb wie ein Kloster anmutet. Agnetendorf, eine Siedlung aus dem Anfang des 17. Jahrhunderts, genannt nach der Gemahlin des unglücklichen Hans Ulrich von Schaffgotsch, des Generals unter Wallenstein. Nicht Schreiberhau, das schon zuviel von Berliner Berühmtheiten bevölkert wurde und zudem schmerzlicher Erinnerungen voll war, sondern das wenig besuchte und ganz abgeschiedene Dorf unterhalb der Schneegruben und nicht fern vom Kynast, jener Burg, nach der der erste Teil jener gerade damals viel umworbenen Dramenfolge »Valenzauber« heißen sollte. Von den drei Teilen: »Kynast«, »Die Abendburg« und »Die Gaukelfuhre« wurde keiner je beendet, nur Szenen aus dem ersten und dritten liegen vor, doch geht letztlich die »Pippa« auf diesen Stoffkreis zurück. –

Drei tief eingeschnittene Täler zerteilen hier den Abhang des Kammes, von Wildbächen durchflossen, um sich dann im Niederdorfe zu vereinen. Die obersten Häuser liegen auf den Rücken, die sich zwischen den Einschnitten erheben. Einer davon ist der Hemmhübel, oberhalb eines weiten Wiesentals, gekrönt von einer Felsgruppe, dem Wiesenstein. Hier entstand das Haus, das ebenso jeder »bürgerlichen« Gemütlichkeit wie einer snobistischen Prätension fern blieb. Eine Kolonne italienischer Steinarbeiter wurde verschrieben, denn es gab mächtige Felsen wegzusprengen, um Raum für die Grundmauern zu schaffen.

Gerhart Hauptmann hat mehrfach das Haus geschildert, so kurz im »Buch der Leidenschaft«, wo es den Namen »Bergfried« trägt. *»Er steht nach Bestimmung und Lage außerhalb des Bürgertums. Er hat einen festen, gedrungenen Turm, der die Dämonen schrecken und einer Welt von Feinden Trotz bieten soll. Er riecht nach Wehrgängen, Bastionen und Schießscharten. Sein Inneres ... denke ich mir heimlich-unheimlich, eine Stätte bedrohter Sicherheit.«* Und an anderer Stelle heißt es einmal: *»War Hermann Holthaus* (= Gerhart Hauptmann) *in den Bergfried zurückgekehrt, so war er damit in seinem innersten Wesen eingekehrt. Er hatte sich selber wiedergefunden, das ewig Andere war ausgeschlossen.«* Freilich bekennt er auch: *»Liegt es an diesem*

Hause, das ich liebe, dem ich dankbar bin, das mich aber nicht eigentlich fröhlich macht? Es ist mehr durch Verdienste um mich ... und durch den feierlichen Ernst seiner Räume, durch den es die Seele vertieft, als durch häusliche Wärme ausgezeichnet.« Ob es indes auf die Dauer die Dämonen wirklich fernhielt? Wie wäre das bei diesem dämonischen Dichter möglich, der sich in stetem Ringen mit den unheimlichen Mächten befindet! Nächtliche Wanderungen durch die dunklen Räume, Gespräche mit der Geisterwelt wissen davon zu erzählen, und das Gedicht »Turmzimmer« sagt es ganz offen:

»Von diesem Zimmer ist zu sagen:
Es weiß von schlimmen Stunden und Tagen,
einsam verwachten, kranken Nächten,
wo das Fenster, durch das der Schlummer
floh, hereinließ Sorge und Kummer.
Freilich auch in all ihren Prächten
Mondmagie und Glutenhauch,
schweren, kitzelnden Wiesenrauch ...
Oh, es schlüpften durch das Fenster
zahllos, lautlos Nachtgespenster ...«

Wenn man dieses Turmzimmer des Dichters betrat, glaubte man in die stille Klause des weisen Wann zu kommen. Weit schweift der Blick über die grünen Berge bis hinauf zu den einsam-gigantischen Abstürzen des Hochgebirges. Längst sind die Bäume des Parkes, den liebevoll der junge Besitzer nach eigenen Plänen angelegt hat, emporgewachsen und haben den Abschluß von der Welt vollkommen gemacht. Im Jahre 1922 empfing das Haus einen Schmuck, der es noch enger mit der schlesischen Welt verband: die monumentalen Wandgemäle in der Halle durch Johannes M. Avenarius. Die unendliche Phantasie des Dichters und seiner Heimat, die zugleich die des Malers ist, breitet sich vor dem Auge aus, das die Einzelheiten kaum zu fassen vermag: Seliges Land, Musik ohne Ende! »Die Himmelsleiter und oben der Herrgott! Und Adam und Eva essen vom Baume des Lebens! ... Das Hannele fährt mit kindlichem Gefolge hin ... über die selige Stadt ins Himmelreich!« Das Gastmahl der Musen neben der Tür zum Speisezimmer, der Jungbrunnen über der Bibliothek. Und der flammende Kampf der Elemente an der Außenwand des Turmzimmers! Wer sich beim ersten Eintritt in den »Wiesenstein« in diese Schöpfungen still vertieft, den umfängt ganz die Magie des Ortes und seines Herrn, des Schlesiers Gerhart Hauptmann. Und dann steigt er selbst langsam die große Treppe herab, und sein warmes, tiefes »Willkommen!« begrüßt den Gast.

Hier war der Meister wirklich zu Hause, zurückgekehrt für immer in die Heimat, für lange Jahrzehnte bis in die Stunde seines Heimgangs. Mochte ihn auch der Rhythmus seines Lebens – soweit nicht Kriegszeiten ihn unterbrachen – für lange Monde in die Ferne führen, nach Italien und Hiddensee, stets bedeutete dies nur eine Episode neben der Beständigkeit des Daseins im »Wiesenstein«.

Noch kurz vor dem Ende bekam der »Wiesenstein« einen Schmuck durch die Überlassung der großen monumentalen »Hannele«-Statue Joseph Thoraks (1943), die auf dem Frühstücksplatz des Parkes unter den alten Buchen neben der Felsengruppe der Wiesensteine aufgestellt wurde. Am 29. Juli 1944 widmete der Dichter diesem Werk Verse, die die alten Erinnerungen an die frühe Zeit neu weckten:

»Stehst du da, im Marmelsteine
nackt gebildet, arme Kleine,
die ich aus dem Teich gerettet
und ins Armenhaus gebettet?...
Es vergingen fünfzig Jahre,
da geschah das Wunderbare,

daß ein Meister dein gedachte
und in Liebe sich entfachte,
und weil fromm und rein sein Denken,
dachte Gott dich ihm zu schenken...
Doch, geliebte Neuvermählte,
weiß im grünen Buchenhaine,
bliebst du doch die Gotterwählte.
Träumend in der alten Reine
sucht, was Stein in dir, zu fliegen
und die Schwere zu besiegen:
durch das grüne Dach im Blauen
suchst du wieder Gott zu schauen
und zu ihm dich aufzuheben,
der uns allen gab das Leben.«

Von den hier entstandenen Werken kann nicht im einzelnen gesprochen werden, denn sie sind alle oder fast alle – der »Michael Kramer« entstand 1900 in Agnetendorf während des Baus – in diesem Lebensrhythmus geschrieben worden, so daß die allermeisten ebenso im Süden wie an der Ostsee und endlich in Agnetendorf geformt wurden. Denn Gerhart Hauptmann kennt ja keine Pause im Schaffen. »Es« dichtet unablässig in ihm, und hart gegen sich kommandiert er die Poesie.

In ganz besonderem Maße »schlesisch« ist aber seine Freude an der Geselligkeit und die unerschöpfliche Gastlichkeit seines Hauses gewesen. Zwar den großen Kreis mied er, aber fast Abend für Abend fand sich nach der vielen Arbeit des Tages ein kleiner Kreis von Gästen an seinem Tische ein, um den man – wieder echt schlesisch – auch nach dem Essen vereint blieb. Aus weitester Ferne und nächster Nähe, sei es Amerika, Japan oder das Hirschberger Tal, kamen Freunde und Bekannte; die Gästebücher des »Wiesenstein« werden dereinst eine wertvolle Quelle für das Leben des Dichters darstellen. Oft saß da Wilhelm Bölsche neben dem alten Freund von 1889, der Dichterphilosoph aus dem benachbarten Schreiberhau, der, wenn auch selbst ein Kind des Rheinlandes, doch durch jahrzehntelangen Aufenthalt in den geliebten Riesenbergen zum Schlesier geworden war; oder Hermann Stehr, dessen dichterische Anfänge zu Ende des vergangenen Jahrhunderts Hauptmann liebevoll gefördert hatte. Das Gespräch glitt dann wohl bald hinab in tiefere Probleme, und alle Fragen der Welt und des Menschendaseins wurden heiter-ernst mit aufgeschlossenen Sinnen betrachtet und durchgesprochen. Wer könnte diese Abende jemals in seinem Leben wieder vergessen, zumal wenn noch eine umfangreiche Mappe hereingebracht wurde, ein neues, eben beendetes oder noch in Arbeit befindliches Werk des Meisters, aus dem er dann bedächtig und jeden Einzelzug plastisch herausarbeitend vorlas!

Von dem Anteil, den Gerhart Hauptmanns Heimatprovinz an seinem Schaffen genommen hat, ist nicht viel zu sagen. Im allgemeinen ging er nicht über das Maß des Interesses hinaus, das ihm das Vaterland und die Welt entgegengebracht haben. Einen spezifisch »schlesischen« Einfluß auf sein Werk bedeutet diese Verbindung nicht mehr. Das »Festspiel« zur Jahrhundertfeier der Freiheitskriege, zu dem ihn der Magistrat der Stadt Breslau aufforderte und dessen Aufführungen 1913 kurz vor Schluß der Reihe infolge von nationalistischen Umtrieben abgebrochen wurden, weist nichts eigentlich Heimatliches auf. Doch der großen Festspiele im Jahre 1922 zu des Dichters sechzigsten Geburtstag sei gedacht, bei denen der Reichspräsident Friedrich Ebert persönlich erschien und vierzehn Dramen gespielt wurden, und namentlich der schönen und liebevoll zusammengestellten Gerhart-Hauptmann-Ausstellung 1932, die ein unvergleichliches Material der Öffentlichkeit zeigte. Auch die größte Gerhart-Hauptmann-Sammlung, die die

Staats- und Universitätsbibliothek zu Breslau aus dem Nachlaß des 1934 verstorbenen Freundes des Dichters, Kommerzienrat Max Pinkus in Neustadt OS., erwarb, stellte einen einzigartigen Besitz dar. Gerhart Hauptmann hatte 1934 an der Beerdigung seines Freundes teilgenommen und die Magie der letzten Nacht vor der Beisetzung in dem dunklen Drama »Die Finsternisse« gestaltet, das (1937 in Rapallo verfaßt) die Probleme des Judentums und das Grauen der Verfolgung in der Hitlerzeit in visionärer Schau eingefangen hat.

Noch einmal, zu des Dichters 80. Geburtstag, sammelte sich die Bevölkerung der Heimatprovinz um ihn, um ihm ihre Liebe zu bekunden. Zahllose Orte veranstalteten Feiern, an denen er teilnahm, Liegnitz ließ den großen »Liegnitzer Katalog« der Kunstwerke des Wiesensteins erarbeiten, und endlich fanden vom 11. bis 15. November 1942 in Breslau große Feiern und Ehrungen statt durch die Stadt Breslau im altehrwürdigen Remter des Wunderbaues des Rathauses, in der prunkvoll barocken Aula Leopoldina der Universität und in dem edlen, klassizistischen Festsaal des von Langhans erbauten Oberpräsidiums. Es war, als ob sich in den drei Stilen der Gotik, des Barock und der Neuklassik noch einmal das alte Schlesien mit seiner Jahrhunderte alten deutschen Tradition vereinte, um hier einem großen Geist, der aus seinem Mutterschoß entsprossen, seine ganze Liebe zu zeigen. Es war das letzte Fest in der Heimat, das der greise Dichter erleben durfte.

Die schlesische Landschaft

Ein Leben in Schlesien! Wie könnte es da anders sein, als daß zahlreiche Werke des Dichters diese Welt im besonderen widerspiegeln, die Landschaft, die Menschen, ihr Denken und innerstes Fühlen? Zumal bei einem Dichter, bei dem Erlebnis und Dichtung eine untrennbare Einheit bilden. Er selbst hat es einmal in einem Gespräche bekannt, daß er nie eine Zeile geschrieben habe, die nicht in irgendeiner Beziehung Autobiographie wäre. Und zudem: Hauptmann ist ebensowenig wie etwa Shakespeare ein Erfinder neuer Stoffe. Entnimmt der große englische Dramatiker seine Stoffe ausnahmslos der Geschichte, Sage oder älterer Dramen- und Novellenliteratur, so sieht Hauptmann das ihn umgebende Leben als seine höchste Lehrmeisterin an. Es ist nicht schwer, im einzelnen »Vorbilder« für Stoffe und Personen festzustellen, und doch träfe man damit nicht das Wesen seines Schaffens. Denn er benutzt diese stets nur als Ausgangspunkt, von dem aus sich die Menschen und Geschehnisse nach eigenen Gesetzen entwickeln. Jedenfalls spiegelt sein Schaffen in einem kaum mehr übersehbaren Umfange alles das wider, was er in seinem langen Leben erlebt, gesehen, gehört und beobachtet hat. Wenn in dieser Hinsicht im folgenden sein Gesamtschaffen, soweit es den schlesischen Raum angeht, betrachtet wird, so können nur die wichtigsten Tatsachen angeführt werden. Auch sei »Das Abenteuer meiner Jugend« im Einzelfalle nicht mehr erst erwähnt, da es ja alle Ereignisse bis 1889 eingehend schildert. Gerade für Salzbrunn, Breslau und die Gegend des Striegauer Kreises stellt es natürlich eine Hauptquelle dar.

Die Atmosphäre des Elternhauses spiegelt sich in mehreren seiner Dramen wider: der erste Akt der »Dorothea Angermann« gibt ein buntes Bild von dem unruhigen Betriebe in Küche und Büfettstube des Hotels während der Hochsaison, und wenn Hauptmann im »Peter Brauer« mit unvergleichlicher Kunst den Frühschoppen in einer kleinen schlesischen Kreisstadt schildert, so mögen frühe Jugenderinnerungen wohl mitspielen. Die Unterwelt des Hauses aber erleben wir in der bescheidenen Wohnung des Fuhrmanns Henschel, in der der kleine Gerhart oft genug sich aufhielt und den Kindern des Fuhrmanns Krause unermüdlich Märchen erzählte. In diese Räume tönt nun das große Leben des Hotels und der Schenkstube von Wermelskirch hinein, wo später die geschmackvollen Räume der Gastwirtschaft »Zum Fuhrmann Henschel« lagen. Als man dem Dichter im Jahre 1929 mitteilte, die alte »Preußische Krone« sollte abgebrochen werden – ein Plan, der zum Glück nur einem pietätvollen Umbau Platz machte –, erlebt er in bizarrer Traumvision in der »Spitzhacke« eine letzte Nacht in seinem Geburtszimmer. Die lebendig gewordenen Wirtshausschilder aller Gaue Deutschlands kommen, um der »Preußischen Krone« die letzte Ehre zu erweisen, und der Dichter nimmt bei ein paar Flaschen uralten Johannisbergers Abschied. Wie ihm dabei zumute war, verraten die zärtlichen Worte des Schlusses, eine Paraphrase der letzten Worte, die Wann in der »Pippa« spricht: *»Fahre hin, fahre hin, altes Elternhaus!«* Und 1932, als man Gerhart Hauptmann in Salzbrunn einen Gedenkstein setzte, da hat er die Stimmung jener Feierstunde, nicht ohne Ironie, in ergreifenden Versen eingefangen. Hier vereinen sich noch einmal alle die Gefühle, die ihn mit der alten Zeit verbinden:

»Welch seltsame Stunde
hält dich im Bann:
sie macht eine Wunde
und streichelt sie dann ...«

Die nächste Umgebung, hinüber nach Schloß Fürstenstein und Freiburg, wird im »Till Eulenspiegel« und im »Fuhrmann Henschel« lebendig, dann aber in »Vor Sonnenaufgang« die rauchgeschwärzte Welt des Waldenburger Industriebezirkes, die finsteren Kolonnen der Bergarbeiter, die geschmackslose Prasserei der reichen Kohlenbauern. Nach Osten geht der Blick bis ins Eulengebirge, obwohl die »Weber« das Landschaftliche nur streifen. Doch ist Emanuel Quint ein Kind dieses Gebirges. Nur ganz selten tritt einmal die Gebirgswelt der Grafschaft Glatz in das Gesichtsfeld (»Atlantis«) oder der Zobten, den Hauptmann von Breslau mehrfach besuchte, wo er im Juli 1882 den unvergeßlichen Zobtenkommers der Breslauer Studenten mitmachte. Von der Provinzialhauptstadt ist oben schon die Rede gewesen. Außer den um die Kunstschule kreisenden Werken seien hier wenigstens kurz das »Phantom«, die »Wanda« und die Schlußteile des »Narren in Christo« erwähnt, die uns neben der Welt des Kleinbürgers vornehmlich in die der Bohème, ja selbst in die tiefsten Schichten unsauberer Kneipen und des Verbrechertums führen. Doch fehlen in diesem Bilde auch nicht die reichen Bürgerhäuser, die eleganten Lokale und die künstlerisch gepflegten Häuser der großen Gelehrten der Universität. Im Norden geht die Linie über Liegnitz (»Dorothea Angermann«) bis nach Görlitz (»Wanda«). Südlich davon bis in die Vorberge der Sudetenkette erstreckt sich die reiche Fruchtebene, in der Hauptmann als Landwirt tätig war. Der vielen Dichtungen, die um das Anna-Erlebnis und die Zeit in Lohnig-Lederose kreisen, ist schon gedacht. Auch die »Rose Bernd« gehört in diesen Bezirk, ebenso die in der Zeit nach dem Dreißigjährigen Kriege spielende »Schwarze Maske«. Das Haus des Bürgermeisters Schuller steht hoffentlich heute noch in Bolkenhain. Und irgendwo mag hier auch wohl das Schloß liegen, in dem Jau seinen Traum als Eintagsfürst erlebt.

Nimmt man das Iser- und Riesengebirge hinzu – letzteres nur auf seiner schlesischen Seite von Bedeutung –, so sieht man, daß der Gesamtraum der schlesischen Dichtungen Hauptmanns nicht einmal sehr groß ist. Er umfaßt ziemlich genau das Gebiet, das man an einem klaren Herbsttage von der Schneekoppe nach Schlesien hinein überschauen kann. Nicht oft aber haben deutsche Dichter eine Landschaft so eingehend und allseitig dargestellt. Man möchte an Stifter erinnern und seinen geliebten Böhmerwald, an Fontane und die Mark Brandenburg, oder Storm, Raabe und Keller. Aber dort sind entweder diese Dichter in diesem Bereiche haften geblieben oder das Menschliche überwiegt das Landschaftliche. Zum mindesten in dieser Verknüpfung von Mensch und Landschaft ist Gerhart Hauptmann eine in ihrer Art und Form nicht mehr wiederkehrende Erscheinung.

Das Riesengebirge! Hier läßt der Dichter seine schönsten und tiefsten Werke zu Hause sein. Dort in der Senke zwischen dem Kamm und dem Isergebirge beginnt »Und Pippa tanzt«, um uns dann hinauf in die unendliche Einsamkeit des Hochgebirges im Winter zu führen, in die Michel und Pippa zu der sturmumbrausten Hütte des alten Wann emporsteigen. Es ist ein machtvolles, unvergleichliches Gemälde, das der Meister hier entwirft: im Tale die kleinen Dörfer, das winterliche Schreiberhau, in dem sich Hanneles düsteres und so seliges Schicksal vollendet, dann der Heimatort des Glokkengießers Heinrich, und von wilden Stürmen umbraust die Siedlung in den Vorbergen, in der die unheimlichen Ereignisse des »Neuen Christophorus« beginnen. Man denkt etwa an Kiesewald, unweit von Agnetendorf; die genannten

Namen deuten darauf hin. Stolz aber steigt über dem Höllental die Burg des Kynast auf (im gleichnamigen Fragment, das die Sage von Kunigunde und dem Mauerritt zum Vorwurf hat). Von fern her leuchtet die Abendburg (in »Valenzauber«), wo ja auch Bruno Wille seinen schönsten Roman spielen läßt. Nun geht es die Hänge hinauf, wo all die Wässerlein ins Menschenland hinabrauschen, wo Heinrichs und Rautendeleins Hütte steht und die Behausung der alten Wittichen, zu den stillen Gebirgsseen, zu der ungeheuren Einsamkeit der Schneegruben (»Der neue Christophorus«), in deren Wildnis Emanuel Quint sein Gotterlebnis hat. Auf dem Kamm selbst, weit über der Baumgrenze, die weiten Hochmoore, inmitten deren man das Haus des Bergpaters (im »Neuen Christophorus«) und das Wanns suchen möchte. Das melodische Klingen der Herdenglocken auf den Hochflächen des Riesengebirges kommt dem Dichter mitten in dem bestrickenden Reiz der Landschaft Olympias in Erinnerung und ruft heimatliche Gedanken hervor. Ja, selbst der Fremdenverkehr zur Sommerszeit fehlt in diesem Bilde nicht (»Narr in Christo Emanuel Quint«). So ersteht vor unsern Augen das Reich Rübezahls im Wechsel der Jahreszeiten. –

Ein Werk aber ist es, der »Emanuel Quint«, das alle Gegenden in einer Einheit umspannt, vom Eulengebirge zu den Riesenbergen und durch die Fruchtebene, wo bei Striegau die Gurauer (= Muhrau) »Freele«, das wohltätige Fräulein von Kramsta lebt, hin zu der Großstadt am Oderstrome.

Die schlesischen Menschen

In dieser Landschaft, da leben nun die schlesischen Menschen, die Menschen der Gerhart-Hauptmann-Welt! Man müßte sich einmal die Mühe machen, sie zu zählen; ich weiß nicht, wie viele Hunderte da erscheinen würden. Aber ob sie in den abgeschlossenen Werken auftreten oder in den Bruchstücken, ob sie eine tragende Rolle spielen oder nur ein paar Worte im Vorübergehen sprechen – stets sind sie alle aus der ganzen Fülle des Daseins geformt, mit voller plastischer Lebendigkeit, wie es eben nur dem in dieser Beziehung einzigartigen Charisma eines Gerhart Hauptmann, eines der größten Menschenbildner aller Zeiten, möglich ist. Mit welcher Kunst ist hier zugleich eine Einheit von Wesen und Name erreicht! Selbst ein so großer Erzähler wie Wilhelm Raabe greift in der Wahl der Namen durch sein Streben nach Überverdeutlichung fast stets daneben. Hauptmann ändert während des Dichtens unablässig an der Namengebung und hört in sie immer von neuem hinein. Da kommen sie alle an, die Familiennamen, die hier in Schlesien zu Hause sind, die Krause, Scholz, Hoffmann, Kahl, Baumert, Schmolcke, Hilse, Henschel, Heiber, Walther, Baensch, Keil, Golisch, Kleinert, Gottwald, Seidel, Starke, Pleschke ... Aber auch die eigenartigen Namen in den hochgelegenen Bergdörfern fehlen nicht, Glumm und Hertrampf. Auch nicht solche mit tschechischem oder polnischem Einschlag, wie etwa Lubota. Die Träger polnischer Namen sind fast alle etwas zweifelhafter Natur, der tückische Pedell im »Kollege Crampton«, Janetzki, der sozialistische Agitator Kurowski im »Emanuel Quint«, Wigottschinski, der böse Geist Lorenz Lubotas im »Phantom«.

Die ganze Fülle dieser Menschenwelt der Heimat sich zu vergegenwärtigen, das gelingt nur durch immer erneutes Leben der Werke des Dichters selbst. Hier können nur ein paar Vertreter an uns gleichsam vorüberhuschen. – Da ziehen sie auf den Landstraßen einher, die stromernden Gesellen Schluck und Jau, mehr denn gut dem Alkohol ergeben und doch ihre sehr »kinstliche« Weltanschauung in sich tragend. Der Lumpensammler Hornig kommt in die elenden Weberhütten, der Hausierer Fabig zu Frau Henschel, die Armenhäusler, körperlich und seelisch verkommen, hocken in ihrer Bude beisammen und streiten sich. Pascher streifen durchs Gebirge; Waldarbeiter kehren von ihrer harten Arbeit heim, um das Unwetter in dem kleinen Dorfkramladen abzuwarten (»Der neue Christophorus«), Glasbläser (in der »Pippa«) sitzen beim Grog in der weltfernen Gastwirtschaft. Aber auch der Glashüttendirektor, der sich nach Paris zurücksehnt, muß wohl den gleichen Raum mit ihnen teilen. Förster treten ein, oder wir treffen sie auf Besuch in der Provinzialhauptstadt, wo man nicht versäumt, den »Schweidnitzer Keller« aufzusuchen (»Wanda«). Und der alte Onkel Oberförster erzählt am Ende seines Lebens heiter die geheimnisvolle Geschichte vom »Schuß im Park«.

Ganze Menschengruppen erstehen vor uns: die Weber; aber auch die Bergarbeiter ziehen in langen Reihen an uns vorüber (»Vor Sonnenaufgang«), und die Welt der Hofeleute, der Knechte und Mägde auf den größeren und kleineren Gütern bildet gleichsam eine solche Einheit (»Vor Sonnenaufgang«, »Rose Bernd«). Fuhrherrn und -knechte ziehen durch die Provinz, Pferdehändler (im »Fuhrmann Henschel«) sind auf Einkaufsreisen. – Sozialistische Agitatoren machen das Land unsicher, ja, wir erleben auch einmal (im »Jesus«-Drama) eine höchst erregte politische Versammlung in einem der Dörfer unten im Hirschberger Tale, die schließlich vom Gendarm, dem Vertreter staatlicher Macht, für aufgelöst erklärt werden muß. – Wie könnte die Welt der Gasthöfe, in deren einem der Dichter als Knabe aufwuchs, fehlen? In allen Stufen können wir sie besuchen: das vornehme Kurhotel, dessen Wirt Siebenhaar ein Mann von Welt ist, das Kleinstadthotel (»Peter Brauer«), wo der Stammtisch der Honoratioren des Ortes stattfindet, zu dem sich auch wohl die adligen Gutsbesitzer vom Lande hinzugesellen. Die Dorfkneipe des ehemaligen Schauspielers Wermelskirch (»Fuhrmann Henschel«). Aber dann geht es hinab in die Sphäre großstädtischer »Restaurationen«, wie der von Baensch in Breslau, in der allerdings gerade noch Junggesellen »besserer Kreise« verkehren, oder gar bis zu der Animierkneipe des »Musenhains« im übelsten Dirnenquartier, mit dem verrohten Wirte, dem »Schwarzen Karl«, dem man nicht zu Unrecht dunkelste Vergangenheit nachsagt. Die Gäste dieser Wirtshäuser gleiten an uns vorüber, Angehörige aller denkbaren Schichten, verbummelte Studenten, Künstler, Bauern, Literaten, Baumeister. Auch wohl eine wirkliche Dame (Michaline Kramer oder die sympathische Krankenschwester Hedwig Krause im »Emanuel Quint«) verirrt sich hinein, um eine bestimmte Persönlichkeit zu treffen.

Draußen auf dem Lande, da sitzen sie, die »Stillen im Lande«, die Sinnierer, Sektierer, Ekstatiker, die religiösen Seher, auch wohl die Christen der Tat, wie die bereits genannte »Gurauer Freele«. Der August Keil (in der »Rose Bernd«), die »Talbrüder« (»Emanuel Quint«), der Lehrer (»Jesus«-Drama), das fromme Ehepaar Vockerat. Endlich Emanuel Quint und sein ganzer Kreis.

Selbst in die Gefängnisse führt uns der Dichter, wo wir die Sträflinge ebenso wie den Direktor oder den Gefängnisgeistlichen kennenlernen. Nicht eben sehr erfreulich wirken die Vertreter der offiziellen Kirchen, kein Wunder bei der Ablehnung des Dichters gegen jede kirchliche Bindung. Bei ihnen ist der Geist des Heilandes, wie er ihn sieht, nicht, auch nicht bei den herrnhuterischen Wanderpredigern, die in der »Anna« eine entscheidende Rolle spielen.

In Schlesien darf der Adel, besonders der Hochadel, die schlesischen Magnaten, nicht fehlen. Obwohl er in Hauptmanns Dichtungen keine sehr bedeutende Rolle spielt, so begegnen uns Vertreter aller Schichten des Adels allenthalben. Im »Kynast« werden schon ein Schweinichen und ein »Schof Gotsche«, also Schaffgotsch, genannt, welch letzterem Geschlecht die Burg bis zur Gegenwart gehörte. Die hochadlige Welt der »Goldenen Harfe«, die mit ihrer zarten Romantik an Eichendorffsche Lieder erinnert und in seinen Tagen spielt, wird man sich wohl auch in Schlesien beheimatet denken dürfen. In der kleinen Kreisstadt des »Peter Brauer« aber verkehrt der ganze Landadel der Umgegend. Herr von Behaimb, der eben erst von der Riviera nach Schlesien mit seinem sibirischen Klima – daß Breslau im Winter ein sibirisches, im Sommer ein tropisches Klima habe, wird auch im »Abenteuer meiner Jugend« behauptet – zurückgekehrt ist, der Besitzer des Schlosses, dessen Schinkelschen Pavillon der unglückselige Maler ausschmükken soll, ferner Major a.D. von Schultzen, der typische alte Soldat und Rittergutsbesitzer mit seiner Jagdleidenschaft; der Fürstabt von Hohenwaldau (in der »Schwarzen Maske«) – man denkt etwa an Kloster Grüssau – gehört ebenfalls in diesen Kreis.

Die größte Gruppe aber machen doch wohl die Künstler aus, weniger Schriftsteller und Literaten (wie im »Emanuel Quint« etwa) als Vertreter der bildenden Künste: die einen auf festem Wege wie Michael Kramer, der Jahre hindurch ehrlich um sein Christusbild ringt, und der tüchtige Sohn Peter Brauers, dessen Urbild, Kurt Gitschmann, die gelungene Statuette des fünfunddreißigjährigen Gerhart Hauptmann (1897) gebildet hat. Mit welcher Liebe aber umfaßt der Dichter die anderen, die gefährdet auf abschüssiger Bahn sich bewegen, wie sieht er auch in ihnen den göttlichen Funken: Kollege Crampton – zwar kein geborener Schlesier, aber aus Breslau nicht wegzudenken –, der unglückselig veranlagte, im Wesenskerne doch so bedeutende Arnold Kramer, Paul Haake (»Wanda«), der dem Dämon erliegt, und der liebste Freund Hugo Ernst Schmidt, dessen Unschlüssigkeit wir im »Michael Kramer« in der Gestalt des Malers Lachmann und dessen tragisches Ende – freilich dichterisch umgestaltet – wir in »Gabriel Schillings Flucht« erleben. Und gehört in diese Reihe nicht auch der Meister Heinrich? Hart freilich kann der Dichter über die nicht Berufenen urteilen, die elenden Philister, die den Tempel der Kunst schänden. Er hatte solche Vertreter genug während seiner Kunstschulzeit kennengelernt und schildert sie drastisch im »Abenteuer meiner Jugend«. Die Kunstakademiker Weißbach und Stenzel zählen wohl mit dazu (»Kollege Crampton«). Und ganz am Rande dieser Sphäre steht dann noch ein Peter Brauer und der reisende Kunstphotograph mit dem echt schlesischen Namen Schmolcke. Wie könnte er anders heißen? –

Die Welt der Wissenschaft trat – zum mindesten in Schlesien – weniger in Hauptmanns Gesichtskreis, und so finden wir ihre Vertreter nicht eben zahlreich. Aber der Dichter hat Verständnis für die schwere Aufgabe, die den Erziehern in vornehmen Häusern gestellt ist, dem cand. theol. Dallwig, dem Tutor des schwachsinnigen Grafen Edwin im »Peter Brauer«, und dem so sympathischen Hauslehrer Weinhold im Hause Dreißiger zu Peterswaldau. In der »Bürgerin« (1915) blicken wir wenigstens einmal in die hohe geistige Atmosphäre eines großen Gelehrten und Arztes der Universität hinein, das Haus des weltberühmten Dermatologen Professor Neisser, in dem auch Emanuel Quint einmal gegen Ende seines irdischen Lebens im Vorübergehen einkehrt. Die bedeutende Gestalt von Frau Toni Neisser wird hier als

Repräsentantin edelsten Bürgertums und feinster geistiger Kultur verherrlicht.

Der schwere Beruf namentlich des Landarztes und Tierarztes ist durch mehrere Vertreter festgehalten: Dr. Friedrich von Kammacher (»Atlantis«) hat in Breslau studiert; Dr. Schimmelpfennig (»Vor Sonnenaufgang«), zu dem Hauptmanns Jugendfreund Ferdinand Simon Vorbild war, der tüchtige Arzt und unentwegte Idealist, der stille Dr. Wachler in »Hanneles Himmelfahrt«, der alte Tierarzt Grunert aus Freiburg (»Fuhrmann Henschel«), der unter seinen Tieren und Menschen selbst halb zum Bauer wurde.

Wie reich ist nun die Reihe der schlesischen Frauen in Hauptmanns Werk! Die alles Menschliche so tief verstehende kranke Frau Flamm (»Rose Bernd«), die sterbende Frau Henschel, die mütterlich sorgende, treue Marie Starke (»Phantom«) und – die Mutter Wolffen, die aus der schlesischen Heimat ihren Dialekt auch nach Erkner mitgenommen hat und ihn selbst im Alter (»Der rote Hahn«) von Berolinismen ungetrübt spricht. Von kerngesundem Bauernschlag Griselda, deren Erleben sich zwar in einer italienischen Stadt abspielt, die aber durch und durch schlesisch empfunden ist, wie ja auch ein früher Entwurf diesen Dialekt aufweist. Sie führt ihr Leidensweg an die Seite des Markgrafen, während ihre Schwester, Rose Bernd, ein ebenso gesundes, vollsaftiges Geschöpf, in tiefste menschliche Verstrickung gerät: *»Das Mädel ... was muß die gelitten haben!«* Hanne Schäl (im »Fuhrmann Henschel«), geladen mit unbezähmbarer Sinnlichkeit, böse im Innersten, und doch aus gleichem Boden entsprossen. Hinwieder die gütigen Krankenschwestern: Schwester Martha (in »Hanneles Himmelfahrt«), Hedwig Krause (»Emanuel Quint«), die in einer Breslauer Universitätsklinik tätig ist. Und dann die Reihe der kindhaften Mädchen auf der Grenze zwischen Kind und Weib: Hannele, Veronika Harlan (»Phantom«),

Ruth Heidebrand (»Emanuel Quint«). Sind Sidselill und Pippa, deren Wiege gewiß nicht am Fuß der Riesenberge stand, aber nicht auch hierher verschlagen worden? Ein Hauch fremder Anmut und Köstlichkeit weht durch sie in die rauhere Luft Schlesiens herüber. Halb Dichtung, halb Wahrheit, so geht Anna durch Hauptmanns Schaffen in vielen Werken: in ihr mischen sich die Züge einer natürlichen und gesunden Weiblichkeit mit denen einer gefährlichen Lockung. Wanda, Melitta (»Phantom«) sind schon hinabgeglitten in ein dirnenhaftes Wesen, und Franziska Wermelskirch (»Fuhrmann Henschel«), das Rackerchen, das den Männern, auch dem gesetzten Herrn Siebenhaar, die Köpfe verdreht, befindet sich zum mindesten auf gefährlicher Bahn. Auch Liese Baensch (»Michael Kramer«), die »Braut« des Herrn Quantmeyer, bewegt sich bei all ihrer natürlichen Gutmütigkeit doch durchaus in dieser etwas zweifelhaften Sphäre. Und so führt die Linie bis hinab in die Unterwelt der Großstadt, den »Musenhain« mit dem unverhüllten Dirnenbetrieb. Es ist eine Welt aller Schichten, die vor uns ausgebreitet liegt.

Und endlich die Kinder! Karlchen Siebenhaar plaudert an Frau Henschels Krankenbett von seinem kleinen kindlichen Erleben, die ganze Dorfschuljugend von Schreiberhau erlebt das Ende des armen Hannele, und auf der Landstraße bei Görlitz steht die kleine vierjährige Hulda und hört, nachdenklich in der Nase bohrend, den erregten Expektorationen des betrunkenen Paul Haake zu, der ihr sein Leid um Wanda Schiebelhut klagt.

Aber die Hauptmannsche Welt lebendiger Wesen führt uns über die Menschen selbst noch hinaus. Der alte Huhn (»Und Pippa tanzt«), ein ehemaliger Glasbläser, steht in seiner wilden Unheimlichkeit den chthonischen Mächten näher als der Menschenwelt. Und doch begrüßt er den Aufgang der Sonne mit dem Urrufe »Jumalai!« und die Haut des sterbenden urweltlichen Dämon, der nach dem »Finkla« giert, ist im Tode weiß wie die eines Mädchens. Und die alte Wittichen, die hoch oben im Gebirge haust, ist mit den Naturwesen aufs engste verbunden, von den Menschen aber erleidet sie nur Haß und Verfolgung. Sie hat die untere Welt längst überwunden und das Wesen der Dinge erkannt, aus ihrer tiefen Naturverbundenheit heraus.

Das »rote Ännchen«, Rautendelein, Waldschrat und Nikkelmann gehören schon der Gemeinschaft zwar nicht überirdischer, aber außermenschlicher Wesen an – und sind doch auch »Schlesier«, weil sie wie die Elfen und Holzmännerchen und Holzweiberchen mitsamt den Zwergen der heimatlichen Geisterwelt zugehörig sind, deren Herr und Meister, Rübezahl, freilich nur in einem Jugendwerk des Dichters, sehr verblaßt, erscheint. Die Grenze zwischen Mensch und reinem Naturwesen läßt sich schwer ziehen, denn auch die Gebirgsbewohner erscheinen wie ein Stück der uralten Granitberge: *»Diese Männer, die fast ihr ganzes Leben lang mit Säge und Axt im Forst hantierten, hatten selbst mit Bäumen eine gewisse Ähnlichkeit. Ihre Bärte waren mit grauen Flechten, ihre Gesichter mit phantastisch gerunzelten Schwämmen, ihre Körper und Glieder mit Holz vergleichbar, und sie rochen nach Walderde, Harz und Moos«* (»Der neue Christophorus«). Und schaute Hauptmann selbst nicht wie der Alte aus den Riesenbergen aus, wenn man ihm winters oder sommers, mit seinem vom Wetter gebleichten Schlapphut oder im wehenden weißen Haar, auf den Waldwegen einsam begegnete? In wahrhaft ungeheurer Breite und Tiefe hat der Dichter das Bild einer Landschaft und ihrer Menschen vor uns ausgeschüttet, und doch sind wir mit dieser flüchtigen Betrachtung der äußeren Fülle noch nicht in den Kreis der Menschen eingetreten, durch die ihr prometheischer Schöpfer das Letzte ausgesprochen hat, was er von sich und Schlesien zu sagen hat.

Die Suchenden und die Erkennenden

Es ist ein kleiner Kreis nur, der ewig Suchenden und derer, die überwunden haben und der Erkenntnis näher gerückt sind. Im historischen Ablauf schlesischer Geistesgeschichte möchte man an den Größten denken, der dazu gehörte, an den Görlitzer Schuster Jakob Böhme. Gern hörte man, wie Gerhart Hauptmann ihn erfaßt hat. Aber der Aufsatz, den er am 15. April 1898 über Böhme schrieb, und der in einer Tageszeitung erschienen sein soll, ist seitdem verschollen. So kommt er denn nur gelegentlich auf den »Geliebten« zu sprechen, wie er ihn einmal im »Neuen Christophorus« nennt, und nur hier und da spürt man ein Wissen um diese große Weltdeutung des Barock, im »Hirtenlied« etwa oder in Tagebuchaufzeichnungen: *»Jakob Böhme redet von einer gebärenden Harmonie – Grundverfassung des wirkenden Künstlers.«* Ihn wie auch Novalis zählt er zu den *»verlorenen Kindern Gottes«,* verloren aus dem Reich des Lichtes in diese dunkle Welt. Aber wir dürfen noch weiter gehen. Der Kernpunkt in der Theosophie Böhmens ist die Erkenntnis, daß in Ja und Nein alle Dinge bestehen, daß also in Gott zwei Centra leben, deren polare Spannung erst das Wesen unserer Welt ausmacht, mag man sie nun Liebe und Zorn oder Geist und Naturwille nennen. In Gott aber sind sie nur ein Ding. Diesen Grundgedanken des älteren schlesischen Mystikers finden wir grade auch als das Hauptstück von Hauptmanns Welterkenntnis wieder – wobei man nicht an umittelbare Abhängigkeit zu denken hat, sondern an eine Geburt aus gleicher Geistessphäre. Immer wieder taucht der tiefe Gedanke von den zwei Söhnen Gottes auf, von denen der eine, der Christos, die Menschen durch die Erkenntnis des reinen Geistes Gottes aus der Welt hinaus heimführt zum Vater. Der andere – auch ein Leidensgott, gekreuzigt auf dem Parnaß – Luzifer-Dionysos, aber reißt in wildem Taumel die Brüder hinein in die Welt und leitet sie zur Einung mit der Natur. In diesem Sinne bildet der »Ketzer von Soana« die notwendige dionysische Ergänzung zu dem »Narren in Christo«. Um dieses eine Problem kreist Hauptmanns Denken immer wieder seit mehr als einem halben Jahrhundert: in der »Versunkenen Glocke« tritt es uns in der Verwandlung des Gekreuzigten in Dionysos schon fertig ausgebildet vor Augen.

Es sind Hauptmanns tiefste Gestalten, die er zu Trägern dieses Ringens und dieser Erkenntnis macht. Zwei von ihnen, auf unterster Stufe, lernten wir schon kennen: Huhn, der in noch untermenschlicher Unbewußtheit sich nach dem Funken des Lichtes sehnt – und die alte Wittichen, die die unio mystica mit dem Naturreich, ebenso ohne jede Reflexion, vollzogen hat und ein Stück von ihr geworden ist. Zwei Gruppen durchziehen das ganze Dichten Gerhart Hauptmanns in der ganzen langen Entwicklung: die ewigen Sucher, die letztlich noch unerlöst heimkehren in das Dunkel, aber voll lebendigen Kampfes: der Fuhrmann Henschel, Emanuel Quint, Till Eulenspiegel – und auf der anderen Seite die Menschen, die das Irdische überwunden haben, die die Heimkehr in die große Harmonie der Welterkenntnis gefunden haben: Wann, der Bergpater (im »Neuen Christophorus«) und der Wanderer in dem Zwischenreich zwischen Hier und Dort (im »Märchen«), den der Dichter Theophrastus nennt. Zu ihnen mag man als Menschen fremder Zonen noch Francesco Vela (im »Ketzer von Soana«) rechnen, der doch auch aus dieser in schlesischer Mystik wurzelnden Weltanschauung geboren ist, und Prospero (in »Indipohdi«), der die dritte Stufe der Erkenntnis erklommen hat.

In seiner dunkel gährenden Mystik und dem echten Gefühl für das Irrationale des Schicksals kämpft Henschel diesen Kampf, ohne das Wesen dieser Macht erkennen zu können. Es ist ein »Er«, ein »Es«, das ihn in seine Schuld verstrickt, schuldlos-schuldig, wie König Oedipus. *»Ich ha's wull gemerkt ei meen Gedanka, daß das und war uf mich abgesahn. Do ader mei Weib und war geganga, do hatt ich wull au an Augablick, daß ich und duchte, nu werd's wull genung sein. Nu kann a mr nimeh viel nahma dohie. Sahn Se's, ar hot's doch fertig gebrocht... Anne Schlinge ward mir geläht und ei de Schlinge do trat ich halt nei.«*

Der abgrundtiefe Pessimismus Hauptmanns, der in vielen seiner Schöpfungen zutage tritt, erreicht hier neben dem »Meerwunder« seinen Höhepunkt. Henschel kann diese polare Spannung in seinem Leben nicht auflösen, er muß *»derwerga«*. An sich durchaus bodenständig verwurzelt in der Natur, unterliegt er der dunklen Macht des Schicksals, weil kein Mensch ihr gewachsen ist. Er scheidet aus dem Leben nicht als Schwächling, sondern weil er sich weigert, weiter Ziel einer Macht zu sein, die er ethisch verneint. Es ist, als ob hier der Urruf der Chimära (im »Meerwunder«) erklingt: *»Ich will kein Mensch sein!«* So zieht sich der schwere Träumer still und gefaßt in den Urgrund zurück, aus dem sein Wesen hervorgegangen ist, und wo die gestörte Harmonie der Welt sich wiederherstellt. Ein Erlöser und Erlöster ist Henschel gewiß nicht, er vertritt die schon in der Einleitung angedeuteten dunklen Regungen der schlesischen Seele, aus denen sich schon mancher vor der Dämonie des eigenen Inneren in die andere Welt gerettet hat.

Emanuels Quints Weltbild hat diese untere Sphäre eines bloß instinktmäßigen Ringens mit den dunklen Mächten überwunden: an und in Christus vollzieht sich bei ihm die Scheidung der Geister. Durch dieses große Werk zieht sich ein gewisser Zwiespalt: bald ist Quint geschaut mit den zweifelnden Augen der Kinder dieser Welt, bald wird er aus der subjektiven Gewißheit seiner göttlichen Mission heraus verstanden. Der Dichter hinterläßt sehr bewußt in uns das quälende Gefühl der Ungewißheit – und damit die Aufgabe der persönlichen Entscheidung –, ob wir in Quint das Gefäß erneuten göttlichen Christusgeistes sehen wollen oder einen bloßen Narren. Gerade dieser Zug aber nimmt dem Buche jeden nur-literarischen Charakter. Der Narr in Christo geht den Weg seines Herrn und Meisters als reiner Tor in Liebe, Demut und völliger Hingegebenheit an Gott in steter innigster Einheit mit dem Vater bis zum bitteren Ende. Hohn und Gemeinheit, Irrenhaus und Kerker erwarten – das zeigt Hauptmann mit eisiger Logik – den, der Jesu Lehre ohne jeden Kompromiß durchzusetzen gewillt ist. Diese Lehre ist schlechthin unvereinbar mit dieser Welt, die ihre Träger immer von neuem kreuzigen wird. Quint findet seinen Tod im Eise des Alpenpasses, auf dem Wege in wärmere Zonen, erfroren vom Eiseshauch menschlicher Lieblosigkeit. Das Geheimnis des Reichs hat er der »Welt« nicht erschließen können, aber wer Ohren hat zu hören, der höre! Die Frage bleibt offen, sie ist ewig. Auch er zählt zu den verlorenen Kindern Gottes, deren Märtyrertod darum doch nicht umsonst war. Denn er erhält durch sein Opfer den Geist in der Welt lebendig.

Sein Bruder, der dionysische Narr Till Eulenspiegel, steht in der gleichen Welt darinnen, einer Welt, die im Wahnsinn der Nachkriegszeit nur noch fürchterlicher geworden ist, aber er ist weniger in sie verstrickt. Frei nimmt sein Geist mit Witz und Ironie den Kampf auf. Wo aber ist der Weg in die wahre Welt, vollkommen, wie sie aus Gottes Schöpferhand hervorgegangen ist? So kutschiert er auf der Suche sein Wägelchen mit den Pferdchen Gift und Galle durch die Wirrnisse der Heimat während der Inflationszeit. Aber: »Die Welt ist vollkommen überall, wo der Mensch nicht hinkommt mit seiner Qual.« Auf dem großen Weltreligionskonzil zu Wittenberg, wo die wahnsinnig gewordene Menschheit Till zum Kaiser krönen will, erkennt er die unlösbare und unerlösbare Gesamtlage der Menschheit. So vollzieht er denn kühn den Sprung in die Reiche, wo der Mensch mit seiner Qual nicht hinzugelangen vermag: in das ewige, metaphysische Hellas, das Reich der ewigen Natur und Idee. Hier wird er mit dem Alten vom Berge, Faust-Goethe, und dem »Hetairos«, dem eigenen Urbilde, eins im Feuer des Eros, hier verlebt er tausend selige Jahre auf einer Alm des Taygetos mit Baubo, dem Urweib, von hier aus trägt ihn der weise Cheiron auf seinem Rücken durch die Reiche des Unsagbaren. Als er nun in die Menschenwelt zurückkehrt, vermag er nur sich selbst auszulöschen, heimzukehren in die Welt und Magie des Elementaren, und sucht seinen Tod im Tal der Maggia. Till ist der ewige Sucher nach dem metaphysischen Reiche, in dem aller Schein dem wahren Sein gewichen ist, wo die uranfängliche Harmonie der Schöpfung noch lebt. Freilich erlebt er dieses Sein nur in der Form der Vision und muß, um ganz heimzukehren, den kleinen Traum des Schlafs mit der Pforte des großen Traumes vertauschen.

Auf der obersten Stufe menschlichen Erkennens stehen in Hauptmanns Werk die wenigen, die sich aus den Banden der Welt endgültig gelöst haben und nur noch der großen Schau leben. Hier tauchen wir ganz ein in die schwer durchschaubare Welt der Mystik. Man darf auch nicht mehr fragen, wo diese Adepten ihre irdische Heimat haben: von Wann, der in der »Pippa« die irdische Wirnis löst, heißt es im »Galahad«, er stamme aus Kolchis, dem alten Lande der zauberkräftigen Medea, gehöre zum Volk der »Almagrurim« (arabisch: die in ihren irdischen Hoffnungen Betrogenen). Der Bergpater Christof (im »Neuen Christophorus«) ist selbst ein Sotapanno, einer, der sich nach der Lehre des Buddha auf der untersten Stufe der Heiligung befindet. Und hat Theophrastus (im »Märchen«), der offenbar eine Wiederverkörperung des großen Paracelsus ist, der Wanderer zwischen Diesseits und Jenseits, überhaupt noch eine irdische Heimat? Aber wenigstens die beiden ersten sind doch in Schlesien »zu Hause«, in ihren Bauden hoch oben auf den Hochflächen des Kamms, und alle drei sind im Geiste ihres Schöpfers geboren aus echtester schlesischer Mystik heraus. Diese große Ruhe des Schauens und der Erkenntnis, die sie besitzen, sie ist vielleicht in der Seele des mit den Dämonen der eigenen Brust und der Welt ringenden Dichters nicht voll eingekehrt, aber er sieht in ihrem Da-Sein das letzte und höchste Ziel menschlicher Entwicklung.

Nur noch die Idee des Schönen ist es, die den weisen Wann in seiner vollkommenen Harmonie berührt. Wenn aber Pippa selbst am Schluß des Dramas die äußere Ähnlichkeit Huhns mit Wann empfindet, so zeigt das nur, daß beide zu den Ringenden gehören oder gehörten, und:

»Die Ringenden sind die Lebendigen,
und die in der Irre rastlos streben,
sind auf gutem Weg.«

Beide, Huhn und Wann, sind, wenngleich in sternenweitem Abstande, doch eines Blutes und stellen nur die beiden Endpunkte einer menschlichen Linie dar.

In der Welt indischer Mystik lebt der Bergpater Christof, der von seiner Baude auf den Bergen aus doch gütig und hilfsbereit mit den Menschen im Tale verkehrt, aber auch in steter Verbindung mit all den Großen seiner Art sich befindet: Jakob Böhme – der Pater redet ihn »Geliebter« an – besucht ihn, ebenso aber der »Kotesser«, der Tschandala, der ein anderer Huhn zu sein scheint. Der Einsiedler leitet gleichsam die Geburt des neuen Weltheilands aus dem Felsengrabe und übernimmt die Sorge für seine Erziehung. Er vernimmt zuerst den Ruf des Löwen über die Welt, der das Ereignis den erkennenden Menschen verkündet. Und wieder wie Huhn, ist auch er ein Anbeter der Sonne: *»Er hatte sich das Gesetz gegeben, die Sonne bei ihrem Aufgang stets, und zwar im Freien, zu verehren. Aufrecht stehend, den unverwandten Blick auf die Stelle des Horizontes, wo sie scheinen mußte, gerichtet, geriet er für äußerliche Betrachter in einen Zustand der Bewußtlosigkeit. In Wahrheit goß sich das taggebärende Gestirn, von seinem ersten Purpurblitze an bis zu seiner vollen Rundung klar erkannt, in sein ohne Zwinkern offenes Auge hinein. Dabei genoß der Pater die Stillung eines mystischen Durstes, den sein äußeres und inneres Auge empfand. Er sog sich voll mit einem innen ernährenden, ja, neugebärenden himmlischen Feuertrank. Es war eine Andacht, die er als Feuerweihe bezeichnete.«*

Man denkt dabei an Hauptmanns eigene Sonnenverehrung, die er in den »Sonnen« genannten Meditationen niedergelegt hat.

Noch einen Schritt weiter geht der Wanderer im »Märchen«, hinüber in das Zwischenreich der Ideen, wie einst, nur für kurze Zeit, auch Till. Der Löwe, das irrationale, gefährliche Leben, und die Schlange, die Urversucherin, zu seinen Seiten. So bleibt auch er noch im Banne irdischer Gewalten und so ein Mensch, kein jenseitiger Gott. Was er aber erlebt, ist das ewige Wirken und Neuschaffen, Hineintauchen und Auftauchen aller jemals schöpferischen Geister der Menschheit aus dem tiefen See jener Welt. Was die Welt im Innersten zusammenhält, was den Geist Gottes in ihr nie aussterben läßt, was sie im Letzten vorwärts treibt, hier wird es erzeugt. Wenngleich die Irrlichter gemeinmenschlicher Halberkenntnis auch in jene Welt sich eindrängen.

Mit den letzten Persönlichkeiten und Werken sind wir in eine Sphäre eingedrungen, die sich rationaler Erkenntnis und Schau verschließt. Man sieht aber deutlich, in welcher Welt der Dichter daheim ist, woher er stammt und wohin sein Weg aus irdischer Haft zurückstrebt. Hier mündet Gerhart Hauptmanns Weltschau ein, in die Unermeßlichkeit des Geisterreiches, in dem auch seine großen schlesischen Vorgänger, keiner mehr als Jakob Böhme, zu Hause sind.

Heimgang in Schlesien

Eine biographische Darstellung des Lebens Gerhart Hauptmanns ist hier nicht unsere Aufgabe, und doch darf die Schilderung der letzten bitteren Lebensjahre des Dichters nicht ganz fehlen, da sie auf das engste mit seiner Heimat verbunden sind und den Abschluß seines irdischen Daseins in Schlesien geben, dem er bis zum letzten Atemzuge die Treue bewahrt hat.

Noch einmal (23.6. bis 4.7. 1943) besuchte er, dem der Krieg die Ferne verschloß, seinen Geburtsort Salzbrunn. Und nun wurde es einsam um ihn: gegen Ende des Jahres schied auch das letzte seiner Geschwister, Lotte Hauptmann, achtundachtzigjährig, aus dem Leben. Die Zahl der alten Freunde wurde immer geringer. Ploetz, Leo von König, Hugo Thimig, Max Halbe, sie alle waren nicht mehr. Selbst der alte treue Diener Fritz Fischer, dem er mit seinen eigenen Söhnen zusammen vor 50 Jahren »Die versunkene Glocke« vorgelesen hatte, war plötzlich dahingegangen. Auch berühmte Zeitgenossen, mit denen ihn gemeinsamer Kampf in der Jugend und wohl auch gelegentliche Fehde verbunden hatten, André Antoine und Romain Rolland, erlebten das Ende des Krieges nicht mehr. Die vielen und gern gesehenen Besucher im »Wiesenstein«, mit denen er abends bei einem Glase Wein heiter plaudernd zusammenzusitzen liebte, wurden spärlicher. Die Not der Zeit schränkte das Reisen immer mehr ein. Eine kleine gesundheitliche Störung, die ihn am 28. März 1943 betroffen hatte und die Tätigkeit des rechten Auges einschränkte, hatte sich zwar nur unwesentlich gebessert, hinderte ihn aber nicht an reger Tätigkeit. Er genoß den Blick auf die geliebten Berge, und der Zwang der Arbeit blieb ihm treu. Die »Iphigenie in Aulis« wurde im Frühjahr 1943 abgeschlossen, bis 1944 beendete er durch die beiden Einakter »Agamemnons Tod« und »Elektra« den Riesenbau der Atridentetralogie. Auch die »Mignon«-Novelle konnte druckfertig gemacht werden. Endlich aber ging die Arbeit an dem »Neuen Christophorus« unentwegt weiter: zwar war nicht zu erwarten, daß dieses gewaltige Werk jemals beendet werden würde, da es seiner ganzen Natur nach fragmentarischen Charakter trug. Aber diese urschlesische Dichtung begleitete ihn auf der letzten Phase seines irdischen Weges noch bis in das Jahr 1946 hinein und verbleibt uns so als mächtiger Torso, in dem der uralte Weise das Tiefste ausgesprochen hat, das noch durch seine Gedanken zog. Ja, hier hat er die Grenzen dessen erreicht, was Menschen überhaupt aussagbar ist. Noch war seine Lebenskraft und sein Mut nicht gebrochen. Er schaute empor zu den trotzigen Bergwänden, die zu ihm und seiner Burg herübergrüßten, und noch einmal faßte er seine Liebe zu den Riesenbergen in Verse (22. November 1944):

»Was groß und menschenfremd in dir,
du Weltgebirge, lob' ich mir:
Den Sturm, der deine Nacht durchbraust,
darin der Urwelt Dämon haust.
Dem bleibst du fremd, der recht dich kennt.
Urmythos ist dein Element.
Du schweigst gewaltig, wenn du sprichst
und rasend deine Forsten brichst.
Du duldest uns im Winterschnee,
doch deine Gnaden tuen weh.
Nun aber: weichlich sind wir nicht:
wir lachen dir ins Angesicht!«

Immer noch spannte sich der Kreis seines Werkens in die Weite: die »Grönlandtragödie« wurde fortgesetzt, ein Lustspiel um Gustav Adolf (»Die Hohe Lilie«) weit gefördert. Aus der Lektüre des »Westöstlichen Diwans« und Hafiz' entstanden manche orientalische Gedichte um Hafiz, ja, in »Harut und Marut« faßte er noch einmal die ganze Tiefe seines Strebens nach der Coincidentia oppositorum, der Einung zwischen Christos und Dionysos, zusammen: Christus selber tanzt vor Gott. *»Höchster Freude höchste ward geboren!«* (Dezember 1944.) Noch einmal brachte ihm das Weihnachtsfest 1944 eine Freude: sein Enkel Arne besuchte ihn, in dem er viel seiner Wesenszüge zu erkennen glaubte.

Nun aber nahte das Jahr 1945 und mit ihm das Verhängnis. Kurz vor ihrem 70. Geburtstag am 7. Januar erkrankte seine Gattin schwer und mußte ein Krankenhaus in Warmbrunn aufsuchen. Wenige Tage später brach die Katastrophe über die Heimat herein, und am 23. Januar erreichten die ersten oberschlesischen Flüchtlinge Agnetendorf, um deren Unterbringung sich auch Gerhart Hauptmann kümmerte. Damals war es, daß ich, selbst ein Flüchtling, aus Schreiberhau durch den Fernsprecher zum letzten Male die geliebte Stimme vernehmen konnte. Tiefer Schnee und eigene Erschöpfung verhinderten den beschwerlichen Weg hinüber nach Agnetendorf. Und zudem verließ er am 5. Februar, zunächst ohne festen Plan, sein Haus und begab sich nach Dresden, ungewiß dessen, was da werden solle. Seit seiner Jugend liebte er ja diese Stadt, in der er sich mit seiner ersten Gattin verlobt hatte, und immer wieder war er dorthin zurückgekehrt. Und nun mußte er um die Monatsmitte den Untergang dieser großen Kulturstätte unmittelbar miterleben! Er litt unsäglich, und jetzt zum ersten Male machten sich ernstliche Gesundheitsstörungen bemerkbar: die Beine versagten den Dienst. Er glaubte zu fühlen, daß mit dem Ende der Heimat auch sein eigenes nahe sei, und so wollte er in der alten Heimat sterben. Ende März ließ er sich, auf eine Bahre gebettet, unter den größten Schwierigkeiten nach Agnetendorf zurückschaffen, während der Strom der Flüchtenden gen Westen flutete. Klagend erhob er noch einmal seine Stimme im Rundfunk um die Vernichtung Dresdens, der Stadt, aus der ein unendlicher Strom kultureller Befruchtung auf die ganze Welt übergegangen war.

Sehr spät erst wurde nun auch das entlegene Waldtal besetzt. Die offiziellen Stellen der Besatzungsmächte erwiesen diesem Großen des Geistes alle schuldigen Ehren und schonten ihn und sein Heim, soweit es ging. Aber er selbst war dieser körperlich-seelischen Belastung nicht mehr gewachsen. Zwei schwere Lungenentzündungen – die Lunge war trotz seines hohen Alters seit der Erkrankung in der Jugend doch die pars minoris resistentiae geblieben – brachten ihn an den Rand des Grabes, aber noch einmal überwand er sie. Eine Freude bedeutete es für ihn, daß man ihn in Berlin nicht vergessen hatte: im Oktober besuchten ihn dortige Schriftsteller. Gerhart Hauptmann nahm lebhaften Anteil an den Plänen für eine geistige Wiedergeburt des Vaterlandes und hoffte, auch seine Kräfte noch dafür einsetzen zu können. Aber die Bilder, die damals aufgenommen wurden, zeigten ihn so verändert, mit einem Gesichtsausdruck, der an eine griechische tragische Maske erinnert, daß der liebende Betrachter alle Hoffnung schwinden fühlte. Immerhin besserte sich sein Befinden, und er konnte seinen 83. Geburtstag am 15. November 1945 bei leidlichem Befinden erleben: Eugen Kühnemann, der Breslauer Philosoph und Literarhistoriker, besuchte ihn, und ein Disput über Goethes Faust zeigte ihn in alter geistiger Frische. So brachte das Frühjahr 1946 geringe Hoffnung auf die Zukunft. Aber eine neue Bedrohung trat ein: auch er würde in kurzer Zeit für immer Heim und Heimat verlassen müssen, wenn auch in schonendster Form: ein Sonderzug sollte für ihn bereitgestellt werden, damit er mit all seiner Habe nach Berlin oder Hiddensee fahren könne. Damals schrieb er einen letzten Brief an mich, der einen Einblick in seine seelische Verfassung gibt:

Wiesenstein Agnetendorf i. R., am 9. Mai 1946

Lieber Herr Voigt!

Ich habe es soweit gebracht, einige Male ums Haus zu gehen – aber ich bin aus meinem Bett nicht vertrieben: das ist alles, was ich Gutes von mir sagen kann. Das, was man Freude nennt, habe ich nicht. Die Natur ist mir versauert, durch das, was meistens drin geschieht. Ich bin 84 Jahre, bedenken Sie, aber man muß dankbar sein für alles Gute: Benvenuto habe ich über ein Jahr nicht gesehen, aber er lebt.

Teilnahme an der Literatur ist schwach. Ich kenne manchmal meine eigenen Novellen nicht, aber ich bin glücklich, daß sie kernig sind und Möglichkeiten aller Art haben. Sie fehlen mir – und ich freue mich doch, daß Sie nicht auch hier sind. Es schwebt allerlei.

In alter Liebe und alter Erinnerung

Ihr
Gerhart Hauptmann

(Die Unterschrift ist kaum noch leserlich.)

Gerhart Hauptmann glaubte, bereit zu sein, auch dieses Schicksal noch zu tragen, aber im Unbewußten sträubte sich sein Wille dagegen: er lebte ja immer aus diesen Bereichen des Unbewußten heraus. Man darf es wohl aussprechen: er wollte nicht gehen, oder »Es« machte ihm den Weggang unmöglich. So flüchtete er in den Tod. Noch Ende Mai war sein gesundheitlicher Zustand befriedigend, aber zu Anfang Juni, wenige Tage vor dem für die Abreise bestimmten Termin, erkrankte er von neuem an einer Pneumonie. Am

2. Juni verlor er das Bewußtsein, und nur die eine Frage quälte ihn, die er in seinen Fieberphantasien aussprach: *»Bin ich noch auf dem Wiesenstein?«* Ja, er war es und blieb es. Am 6. Juni 1946, in der vierten Stunde des Nachmittags, ging er für immer hinüber in die Bereiche ewiger Erkenntnis.

Auf dem letzten Krankenbett hatte er wieder in dem kleinen Neuen Testamente gelesen, das ihm vor fast siebzig Jahren einst Tante Julie Schubert in Lederose geschenkt hatte und in das er einst die Worte eingeschrieben hatte: *»Dieses Büchlein ist mein ständiger Begleiter gewesen, seit der Zeit, da ich Landwirtschaft trieb, und ist mir Zeuge gewesen von meinem schweren religiösen Ringen vor mehr als 54 Jahren.«* Und seine Gedanken blieben dem Worte des Apostels Paulus verhaftet (II. Kor. 12, v. 4): »Ich kenne einen Menschen, der ward entzückt in das Paradies und hörte unaussprechliche Worte, welche kein Mensch sagen kann.« Da sprach er zu der ihn pflegenden Schwester: *»Wie schön ist dies Wort vom Paradies! Schwester, streichen Sie das bitte rot an!«* Er hatte als Dichter das gesagt, was einem, auch dem größten Menschen, zu sagen möglich ist; nun war er des Glaubens, auch das Unaussprechliche bald hören zu dürfen!

Und wir gedenken des Wortes, das er sich bei der letzten Wache am Sterbebett seines Vaters notiert hatte: *»Wenn ich den Tod in eine Allegorie bringen sollte, ich würde einen himmlisch schönen, ruhigen Engel des Friedens heranwandeln lassen, dem rasende Reiter der Apokalypse vorausjagen. Geht ihnen nur festen Schrittes entgegen!«*

Am 9. Juni 1946, dem Tag der Ausgießung des Heiligen Geistes, fand in engstem Kreise eine Trauerfeier im Wiesenstein statt, an der auch Vertreter der russischen und polnischen Besatzungsmacht teilnahmen und neben dem Schlesier Gerhart Pohl das Wort ergriffen. Man hatte ihn in die braune Kutte des heiligen Franziskus gehüllt, die ihm in Sta.

Margherita Ligure im Winter 1913/14 der ihm befreundete Franziskanermönch Fra Luigi vermittelt hatte. In der Villa Carnarvon auf der Höhe von Portofino erwartete Gerhart Hauptmann, mit ihr bekleidet, alltäglich den Sonnenaufgang. Nun hatte er sie sich noch auf dem Sterbebett zeigen lassen und trug sie im Tode. Nach seiner Bestimmung ruhte sein Haupt auf seinem tiefsten Werke, dem »Großen Traum«, in den er nun hinübergegangen war und mit dem er hoffte, vor der Ewigkeit zu bestehen. Unter seinen gekreuzten Händen lag jenes kleine Neue Testament, und seine Gattin hatte ihm ein Säckchen heimischer Erde von dem in Aussicht genommenen Begräbnisplatz im Park aufs Herz gelegt.

Es war das geschehen, dem er in den Versen zu seinem 80. Geburtstage Ausdruck verliehen hatte:

»Der Weg, den ich noch schreite,
geht freilich in die Weite
und auch – um Gott zu loben –
er führt vielleicht nach oben! –
Doch hier, im Erdenleben,
ist keine Wahl gegeben:
Hier heißt es abwärts steigen
und in das große Schweigen!

Schlesiens großer und getreuer Sohn war in der Heimat geblieben und hat hier sein Leben beschlossen. Erst nach Wochen konnte die Überführung nach Hiddensee erfolgen, unter Ehren, die eines Fürsten im Reiche des Geistes würdig waren, wo er am 28. Juli auf dem Friedhof zu Kloster »vor Sonnenaufgang« beigesetzt wurde. Frau Margarete, die Lebensgefährtin seit mehr als einem halben Jahrhundert, streute dem Heimgegangenen noch ein paar Hände schlesische Erde ins Grab, damit er nicht ganz in fremder läge.

Heimat und Welt

Ein weiter Weg, den wir durchmessen haben: durch mehr als acht Jahrzehnte eines reichen Lebens, ausgehend von den Bergen der Heimat und wieder zu ihnen zurückführend und in ihnen endend, eine geistige Entwicklung, beginnend bei den ersten Kindheitseindrücken, sich weitend über die Fülle des Lebens und der Zeit, endlich einmündend in den tiefen Strom geistiger und mystischer Schau, der sich aus dieser Landschaft immer neu gebiert. Unwiederholbar und unvergleichbar, dieses Leben, wahrlich das einer einmaligen Erscheinung in der deutschen Geistesgeschichte. Hauptmann betont einmal ausdrücklich, daß er *»jede kleinste Phase seines Werdens und Wachsens aus schlesischer Heimaterde wichtig nimmt«*. Gern hätte man einmal in weiterem Zusammenhange etwas über seine grundsätzliche Beurteilung von Schlesien und Schlesiertum gehört; indes, das Programmatische ist seine Sache nicht, und so soll man keine umfassende oder systematische Darstellung bei ihm suchen. Vita docet – und seine Werke spiegeln dieses Leben wider, in dem es zu lesen gilt.

Einmal spricht er zu seinem Freunde Max Pinkus, dessen »Schlesierbücherei« er liebte und bewunderte, und dem er in der »Schwarzen Maske«, in »Vor Sonnenuntergang« und vor allem in den »Finsternissen« ein Denkmal gesetzt hat, von dieser Welt:

»Boden Schlesiens, wie keiner
rings im weiten Deutschen Reiche
blutgedüngt und sorgenträchtig,

geistesdumpf, in Dumpfheit fruchtbar,
Blumen treibend, Buschwerk, Bäume,
wunderlichsten Geisterwald.
Ja, so ist es. Und höchst seltsam
ist das Licht, in dem die Waldung
steht, die Luft, in der sie atmet,
das Getier, das sie bewohnt.«

Man sieht: das Irrationale, das der Landschaft anhaftet, *»der narkotische Brodem der Heimaterde«*, die Offenbarungen aus dunklem mystischen Schauen heraus, sie sind ihm doch das Bedeutendste, dessen er Erwähnung tut. – Nur noch einmal, im Jahre 1942, hat sich Gerhart Hauptmann zu einer Reihe von Bildern aus Schlesien, wenn auch flüchtig, über seine Heimatprovinz geäußert. Er sagt hier u.a.: *»... Man sagt, Schlesien werde in Deutschland stiefmütterlich behandelt, ich habe das nicht tragisch genommen. Allerdings war die Provinz nie eine Reklameschönheit ... Ihre Schönheiten sind schlicht, unaufdringlich, ja zurückhaltend – aber sie sind! Es gehört etwas dazu, sie zu empfinden und zu genießen. Wer aber dieses Etwas wurzelhaft mitbringt, der erlebt einzigartige Dinge intimster Art, wie sie das übrige Deutschland nicht besitzt ... Den rein objektiven Begriff einer Landschaft lassen wir auf sich beruhen, es gibt ihn vielleicht nicht. Sie wird lebendig in der Wechselwirkung zwischen Mensch und Natur: das Ineinanderwirken von beiden macht sie aus, und in solchem Betrachten atmen weite Gebiete jene schlichte Innigkeit und zarte Heiterkeit, wie sie Eichendorff eigen gewesen ist ...*

Nun, der Schlesier ... neigt zur Vertiefung, zur Frömmigkeit. Er hat unendlich vieles getan und erlitten. Das schlesische Gesangbuch ist herzzerreißend. Aber das Leiden ringt sich in vielen Gestalten zur Größe auf, so etwa in Angelus Silesius und dem Schuhmacher Jakob Böhme. Der Sohn eines anderen, in Brieg geborenen schlesischen Schusters ist Johann Winckelmann, der die Sonne griechischer Schönheit über Europa neu aufsteigen ließ.«

Er spricht dann von den »*Gründen, aus denen schlesisches Wesen als in einem gewissen Sinne Abseitiges von vielen betrachtet worden ist*«. Aber diese »Abseitigkeit« müßte dann auch in ihrem Werte betrachtet und als eine Art historischen Wunders von Reiz und Sinn erkannt werden.

»Ich habe dieses Wunder früh gefühlt und bin darin aufgegangen. Seine sogenannte Enge ist mir zur Weite geworden. Es war mir ein Stolz, den schlesischen Dialekt zu Wien in dem weltberühmten Burgtheater der Habsburger, gesprochen von den größten Schauspielern Europas, erklingen zu hören. Und seltsam genug: noch übersetzt, haben meine in solchen schlesischen Urlauten konzipierten Stücke den weitesten Weg durch Sprachen und Länder der Welt gemacht.«

Gerhart Hauptmann ist nicht Nur-Schlesier, und wir wollen nicht in den Fehler verfallen, sein Werk ganz für Schlesien in Anspruch zu nehmen. Wie es stofflich die Welt umfaßt, von den Vulkanen Mittelamerikas bis zu den einsamen Südseeinseln, vom hohen Norden bis nach Hellas, wie es alle Epochen der Geschichte, beginnend beim ersten Brudermord, und der deutschen Geschichte in sich schließt, von der eddischen Frühe im »Veland« über Karl den Großen und das Hochmittelalter zu der von Hauptmann so oft und aus tiefster Kenntnis heraus gestalteten Zeitwende der Reformationszeit, und dann über Barock und Klassizismus, Romantik und Jahrhundertmitte bis zur Gegenwart, ja bis in die Terrorzeiten der Hitlerepisode – so gehört Hauptmann der gesamten Kulturwelt, gehört er dem ganzen Vaterlande. Und doch: etwas schwingt in alledem mit, was eine verwandte Saite in unserer Brust anschlägt und tönen läßt, und nur in unserer Brust. All diese bunte Fülle der Gerhart-

Hauptmann-Welt läßt sich zwar nirgends eingliedern: der Dichter war nie ein ganzer »Naturalist« oder »Neuromantiker« oder »Klassizist«, sein Denken ist mit einem Schlagwort nicht zu umreißen. Er begleitet die lange Abfolge von Epochen, Stilen und Zeitströmungen, die seit 1880 unsere geistige Entwicklung charakterisieren, mehr von außen, vielfach als ihr Führer angesehen, aber doch nie recht einzuordnen und einem Programm verschworen. Und doch wäre es ein Leichtes, die Literaturgeschichte der letzten 75 Jahre – abgesehen von krankhaften Erscheinungen – am Ablaufe von Hauptmanns Leben darzustellen. Ja, in dieser vielfachen Zerrissenheit der vergangenen Epoche ist er ein ruhender Punkt in der Erscheinungen Flucht, ein roter Faden, der sich hindurchzieht. Viele Ströme vereinen sich in ihm: Germanentum, Antike und Christentum bilden in ihm eine Synthese, die wir im tiefsten Sinne »deutsch« nennen dürfen. Aischylos, Shakespeare, Goethe waren seine Lehrmeister. Auch zeigt sein Schaffen eine Vielgestaltigkeit, die man glaubt, kaum vereinen zu können: und doch ist es eines Dichters Werk, und doch mündet diese Vielfalt im Höhepunkt Hauptmannscher Dichtungen, in seinem noch viel zuwenig bekannten Alterswerk, in die eine große Schau ein.

Was aber das Auseinanderstrebende, Vielgestaltige, Rationale und Irrationale bindet, ist eben die ganz selbstverständliche Verwurzelung in der Heimat. Davon redet man nicht, wie auch der Dichter nicht von seinem deutschen Patriotismus redet, weil er selbst ein hervorragendes Stück dieses besten Deutschtums ist. Aber alles, was er je geschrieben hat, ist aus diesem Wesen heraus niedergeschrieben worden, wäre so nicht denkbar ohne die Einheit in des Schöpfers Persönlichkeit. Problematik und Pessimismus, langsames Warten und Hineinbohren in die religiösen Grundkräfte der Seele, Lebensfreude und dämonische Wildheit, Versinken in mystisches Dunkel und Schwelgen in der Durchsichtigkeit südlichen Lichtes, Christliches und Heidnisches, Flucht aus der Welt und Sich-Ergießen in diese schauervoll-schöne Welt, Christos und Dionysos – all das findet sich in seiner Seele und also seinem Werke, jene Polarität, die wir als typisch schlesisch zu Anfang herausgestellt haben, bei ihm freilich ins Gigantische gesteigert.

Diese Menschen, die er formt, sind seine Geschöpfe, die Geschöpfe eines neuen Prometheus, der Geist, wo wäre er mehr als in ihm, die Landschaft, sie ist die seine. Er wußte es, woher er allezeit seine Kraft geschöpft hat, die Kraft zu einem Lebenswerke von nahezu unüberschaubarem Ausmaße und einer nur wenigen Menschen sich voll erschließenden Tiefe: *»Die Wälder, die uns umgeben, sind meine Wälder, obgleich sie nach dem Gesetz Eigentum eines anderen sind. Diese Berge sind meine Berge, mein Himmel ist der Himmel über mir. Und das alles zusammen hat eine Seele, die meine Seele ist. Dies ist die wahre Erde, deren Berührung Antäus unüberwindlich machte, weil sie ihm jeweils alle verlorene Kraft wiedergab.«*

BILDNACHWEIS

Die Ziffern beziehen sich auf die Seitenzahlen

Ullstein-Bilderdienst: 91 o., 95, 96 o., 100, 102, 105 o. sowie das Photo auf dem Umschlag · Saebens-Worpswede: 98 o., 103 · Dr. Wolff & Tritschler: 98 u. · K. F. Klose-Bavaria: 106 · Photo Damerau: 92–94, 99 · Ehem. Städt. Kunstsammlungen, Breslau: 91 u. · Ehem. Schlesisches Museum der Bildenden Künste, Breslau: 97 · Ernst Rülke, Esslingen: 105 u.

Das Geburtshaus Hotel »Preußische Krone« in Salzbrunn

Die Elisenhalle in Salzbrunn

Der Vater Robert Hauptmann mit dem Sohn Gerhart

Die Mutter Maria Hauptmann, geb. Straehler

Der Kunstschüler im Alter von 18 Jahren 1880

Gerhart Hauptmann 1893. Nach einem Gemälde von Hans Fechner

Das Haus in Mittelschreiberhau

Käthe Kollwitz, Weberzug, 1897

Das Rathaus zu Breslau.
Nach einem Gemälde von Adelbert Wölfl, 1888

Die Glashütte »Josephinenhütte« in Schreiberhau

Schlesische Weberin

Der Mann von 50 Jahren, 1912.
Nach einem Gemälde von Leo von König

Haus Wiesenstein

Gerhart Hauptmann 1944

Die Halle in Haus Wiesenstein

Glasbläser aus dem Riesengebirge

Ferdinand Staeger, »Fuhrmann Henschel«, Radierung

Ferdinand Staeger, »Michael Kramer«, Radierung

Bibliothek in Haus Wiesenstein

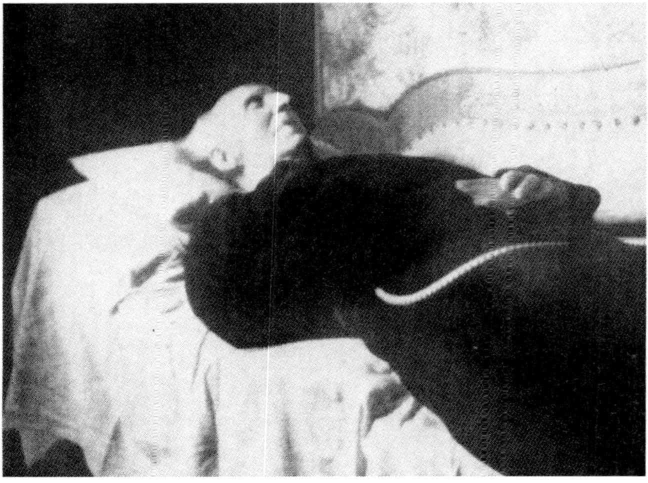

6. Juni 1946

In der Agnetendorfer Schneegrube